Matthias Plack

Ich suche den Gleichklang

Matthias Plack

Ich suche den

Gleichklang

Gedichte

Eigenverlag 2008

Ausgabe 2008

Druckerei ADVANTAGE - PRINTPOOL
Cecinastr. 57
82205 Gilching

Verfasser:
Dr. med. Matthias Plack
Steubenstr. 3,
70190 Stuttgart
T. 0711 72 23 28 33
ISBN 978-3-00-026184-8

Vorwort

Seit dem Erscheinen meines Gedichtbandes Begegnungen im Leben, an einem Dornenstiel erblüht die Rose, sind zwei Jahre verstrichen. Zwei Jahre, in denen viel geschehen ist, was mich anregte meine Eindrücke darüber niederzuschreiben.

Wie immer habe ich die Geschehnisse durch die Brille meiner Erfahrungen gesehen. Besonders häufig geschah dies, wenn es um kleine oder größere Schieflagen ging, oder anders ausgedrückt„wenn Missklänge in der Melodie des Alltags vernehmbar waren, wenn meine Vorstellungswelt sich nicht im Gleichklang mit der äußeren Wirklichkeit befand. Die meisten kleinen Fehlleistungen im Alltag können und sollen auch heiter wirken und durchaus zum Lächeln anregen, wenn man darüber vielleicht auch gleichzeitig ernsthaft nachdenken sollte. Beides: Unterhalten und Nachdenken wünsche ich meinen Lesern beim Lesen.

Dass es zu diesem zweiten Band gekommen ist, ist dem Ansporn durch die Bewertung vieler Leser zu verdanken. Ich

hoffe ihnen eine neue Gelegenheit für
eine kleine Freude und Spaß bieten zu
können.

Mein besonderer Dank gilt meiner lieben
Frau, Hilde Maria, die als erste Leserin
und Kritikerin der Gedichte viel zum Gedeihen dieses Buches beigetragen hat.

Mein erstes Buch

Ich halt in meinen Händen
Mein erstes eignes Buch.
Ich tu`s nach allen Seiten wenden
Und riech' den Druckereigeruch.

Darinnen sind sie eingebunden,
Die Gedichte alle mein-
Das Ergebnis vieler Musestunden-
Ich kann mich sehr darüber freu'n.

Die Rose auf dem Deckelblatt
Ist rot wie Herzensblut-
So, wie sie's im Sinne hat,
Gleich wie die Überlebensglut.

Die Dornen an ihrem Stiele
Bezeugen manchen Schmerz,
Der so oft im Lebensspiele
Jedem Mal belähmet Leib und Herz.

Ich blättre durch die Seiten.
Jede Zeile ist mir vertraut.
Sie alle mich begleiten
So treu wie eine Lebensbraut.

Die Gründe, die mich anregten,
Sie einst zu schreiben dazumal,
Mich alle tief bewegten-
Ich erleb im Geiste sie noch mal.

Es waren Freudenstunden,
Es waren Stunden großer Not.
Dass ich sie alle überwunden,
Große Hilfe mir das Schreiben bot.

Dass nun in Lettern festgehalten,
Was mich einst so stark begeistert',
Will ich nicht geheim behalten-
Verdanke ich dem Buchdruckmeister.

Auf der Suche

Ich bin Goethe und auch Schiller
                                         nicht,
Der Ruhm ist der, der mir gebricht-
Doch ward kein Meister je erkoren,
Bevor die Mutter ihn geboren.

Und sehen es auch manche Herren -
Als wenn sie kleine Götter wären-
Auf diese so verkehrte Weise,
Gibt's für Kleine auch 'ne
                            Zukunftsreise.

An jedem Tag

An jedem Tag geschieht etwas,
Ob unscheinbar oder gewaltig,
Ob frohlockend oder tränennass,
Ob flüchtig oder ob nachhaltig.

Bei dir in deinem engen Raum
Sind es gar oft die kleinen Dinge,
Oft übersehen und beachtet kaum,
Die dein Leben vorwärts bringen.

Man muss richtig sie erkennen
Und die Gelegenheit festbinden,
Zu spät ist jegliches Nachrennen,
Du wirst sie niemals wiederfinden.

Was auf der großen Bühne
In der weiten Welt ringsum geschieht,
Zuwiderhandeln sei nicht der Kühne,
Dich einzuordnen, sei stets bemüht.

In diesem großen Räderwerk
Wird jeder Stein gar schnell zermahlen –
Du bist zwischen Riesen nur ein Zwerg
Und musst die Rechnung stets bezahlen.

Sage Dank

Sage Dank für jeden Tag,
Wenn du zur Ruhe abends gehst,
Hattest du auch Müh und Plag,
Und warst du auch dabei gestresst!

Sage Dank für deine Kraft
In den Händen, in den Sinnen,
Ihre ständige Bereitschaft
Lässt erst Leistungen beginnen.

Sage Dank fürs Wohlbefinden,
Das dir jeden Tag gegeben,
Deinen Beitrag einzubinden
Im Verhalten sei dein Streben.

Sage Dank für jede Gabe,
Die man frei dir zugedacht;
Gönn' dem Spender, sei kein Schwabe,
Auch die Freude, die er dir gemacht.

Sage Dank für jedes Wort,
Das man von Herzen dir gesprochen,
Darin liegt der Freundschaft Hort,
Der in Not bleibt ungebrochen.

Sage Dank für alle Taten,
Nicht nur der erfüllten Pflichten,
Dazu bist du gut beraten,
Willst du Frieden um dich schichten.

Beneide nicht

Beneide nicht
Die Vögel, die am Himmel kreisen
Und unbehindert in die Weite sehn
Und am Morgen singen ihre Weisen -
Sie müssen auch nach Futter sehn.

Beneide nicht
Die Fische im unendlich weiten Meer,
Für die es scheinbar keine Grenzen gibt,
Denn die große Freiheit trügt gar sehr -
Sie sind als Fraß doch sehr beliebt.

Beneide nicht
Die schöne Rose an dem Dornenstock,
Wegen ihrer Farbe und ihrem Duft.
Sie schmückt nicht nur manchen
                             Festtagsrock -
Auch Särge auf dem Weg zur Gruft.

Beneide nicht
Die Menschen aus dem Nachbarhaus,
Den Wohlstand und das Glück dahinter.
Auch dort gehn täglich Sorgen ein und
aus,
Nebst dem Sommer auch der Winter.

Sei versöhnlich

Des Dichters Feder
Führt die Tintenspur
Über Papier und Leder
Nach eigner Laune nur.

Was sein Herz bewegt
Ist sehr persönlich.
Die Wünsche die er hegt,
Nimm sie recht versöhnlich.

Du siehst auch die Welt
Anders jeden Tag;
Was *heute* dir gefällt,
Ist *morgen* kein Vertrag.

Gesteh dem Dichter
Seine Meinung zu,
Sei zuerst *dein* Richter
Für deiner Seele Ruh!

Werbung

Wenn Dir das Buch gefallen hat,
So sag es, bitte, weiter,
Es ist doch eine schöne Tat,
Auch andern Freude zu bereiten.

Die Kurzlebigkeit der Dichtung

Goethe war ein „großer" Mann,
Schiller stand nicht hintenan,
Man streitet heute noch wer „größer" war –
Wohl jeder einzeln unübertreffbar.

Schiller größer von Gestalt
Als Goethe und nicht so alt..
Gesichert, nobel Goethes Lebensweise,
Mindrer Schillers, nur durch
Schriftumspreise.

Ein jeder ist ein Denkmal –
„In Weimar zusamm' einmal" –
Wo sie sich doch nicht zu nahe kamen,
Höchst dichterisch bei manchen Dramen.

Vergleiche heut mit ihnen
Kann nicht der Wahrheit dienen.
Der Maßstab ist ein Zeitenmaß,
Den jede Gegenwart für sich besaß.

Jede Zeit hat ihr Gesicht,
Daran rüttelt niemand nicht,
Ihre Höhen, als auch ihre Schrecken,
Ist des Dichters Pflicht sie aufzudecken.

Die Uhren gehen schneller,
Der Cent ersetzt den Heller,
Die Geschehnisse in unsrer Zeit
Erleben häuslich täglich wir weltweit.

Themen gibt es so zuhauf,
Nimmt der Dichter eines auf,
Ist es schon möglichst morgen überholt,
Weil die Zeit so schnell darüber rollt.

Bald ist sein Werk vergessen.
War es auch viel gelesen
In seiner aktuellen Gegenwart –
Sein Zeitsterben bleibt ihm nicht erspart!

Meine Verse

Und wenn in fremden Augen
Meine Verse auch nichts taugen,
Sie waren Trost mir und Zufriedenheit
Bei Trauer, Schmerz und Bitterkeit.

Ohne Fleiß kein Preis

Bleibe ja kein Stubenhocker,
Willst du wendig und geschliffen sein,
Selbst der kleinste Felsenbrocken
Würde nie zum glatten Wackerstein,
Blieb' er auf dem Berge hocken.

Im Gedicht verborgen

Als ich ein Buch gelesen -
Es bestand nur aus Gedichten -
Fand nicht jedes ich erlesen,
Wie in dem Wald die Fichten.

Doch war das Buch gelungen.
So wie der Wald in Schönheit prangt,
Wenn auch mancher Stamm gesprungen
Und im Wind bedrohlich schwankt.

Alle Bäume nur zusammen
Ergeben erst den ganzen Wald,
So auch die Gedichte stammen
Aus der Erfahrungen Vielfalt.

Erst das Denken dann beim Lesen
Eröffnet seinen tiefren Sinn.
Was dem Dichter wert gewesen,
Liegt fast verborgen oft darin.

Kleines Vögelein

Du kleines buntes Vögelein
Hüpf nicht so viel umher!
Ein Bild von dir, das würd mich freun,
Denn du gefällst mir sehr.

Der Buchhändlerexperte

Ja, es gibt Buchhändlerexperten,
Die bedürfen keiner Buchdurchsicht,
Die ein Buch mit einem Blick bewerten:
Es gefällt ihm, oder eben nicht.

Er lässt die Blätter durch die Finger
gleiten,
Wie ein Trickspieler die Karten trimmt.
Er sieht Druckschwärze auf den Seiten,
Den Inhalt er aber nicht zur Kenntnis nimmt.

Den Inhalt braucht er nicht zu kennen,
Um dann die Käufer zu beraten,
Sein Wille ist nicht zu verkennen,
Gern zu umgehen solche Taten.

Er hat das Buch nicht auserkoren,
Drum steht's bei ihm nicht zum Verkauf.
Er hat vielleicht Gewinn verloren –
Der Autor geht nun auf den Weiterlauf.

Selber entscheiden

Selber entscheiden
Ist oft eine Last,
Vor der Angst, zu erleiden,
Dass du falsch entschieden hast.

Der Reim

Der Reime Wohlklang,
Der Verse Melodie
Sind, wie Engelsang,
Die schönste Harmonie.

Sie streicheln sacht dir
Deine Herzenssaiten,
Und öffnen dir die Tür,
Dein Gemüt zu weiten.

Sie fluten Wärme
Durch all deine Adern,
Sie lösen Härme
Und düsteres Hadern.

Sie spenden Freude,
Und Hoffnung bei Bangen,
Stützen im Leide,
Öffnen drohende Zangen.

Sinnverwandt

Les ich ihre Lieder,
Finde ich *mich* wieder:
Der gleiche Gedanke,
Der gleiche Sinn,
Wie nahe Verwandte
Aus einem Gespinn.

Eine Wolke wär ich gerne

Eine Wolke wär ich gerne
Und am blauen Himmel schweben,
Ziehen endlos in die Ferne,
Einen kühnen schönen Traum zu leben.

So zög ich übers Land dahin,
Über Berge, Täler, Auen. ,
Die Städte, Dörfer zwischendrin,
Sie von oben einmal zu beschauen.

Und viele Menschen würden mir
Mit Bewunderung nachsehen
Und würden mich beneiden schier
Für meine Freiheit in den luftgen Höhen.

Wie so oft wird ein Geschehen
Anders betrachtet als es ist –
Die Wolke ist dem Windewehen
Ein loses Spiel, was man gar zu oft
                                    vergisst.

Selbstgefährdung

Willst du einen Ast abschneiden,
So setz darauf dich nicht,
Sonst wirst du es erleiden
Dass er *mit dir* herunter bricht.

Weihnachtsfriede

Es strahlen die Lichter
Der Kerzen am Baum,
Gleich so die Gesichter
Der Kinder im Raum.

Es duften die Nadeln
Der Tanne nach Wald,
Heut gibt's keinen Tadel,
Kein Herz bleibt heut kalt.

Schon klingen die Lieder
Vom fröhlichen Fest,
Von Jahr zu Jahr nieder
Das Christkind sich lässt.

Es freuen die Herzen
Der Menschen sich all,
Im Scheine der Kerzen
Vom Berge ins Tal.

Es finden zusammen
Die Lieben zur Stund,
Von weither sie kamen,
Die bindet ein Bund.

Verständnis und Liebe
Sei allen zuteil,
Ein' Leben in Frieden
Gibt der Menschheit das Heil!

Wir sind wir geblieben

Vor vielen, vielen Lebensjahren
Da waren wir beide noch sehr jung,
Da haben die Liebe wir erfahren –
Sie blieb unsere Begleitung.
Und wir sind wir geblieben.

Sie bescherte uns den Segen –
Das Glück, das die Familie krönt.
An zwei lieben Kindern war's gelegen,
Womit das Schicksal uns verwöhnt'.
Doch wir sind wir geblieben.

Wir mussten schwere Lasten tragen,
Die uns das Schicksal auferlegt.
Es half dabei kein Hinterfragen –
Vertrauen nur das Bündnis trägt.
Doch wir sind wir geblieben.

Und furchen das Gesicht auch Falten –
Die letzte Rose ist noch nicht verblüht!
Gehören wir auch zu den „Alten",
Ist jung geblieben das Gemüt.
Denn wir sind wir geblieben.

Wir lieben uns, wir ehren uns,
Wir vertrauen uns wie dazumal.
Sicher trägt des Schicksals Gunst
Der Zusammenhalt in jedem Fall.
So sind wir wir geblieben.

Am 45. Geburtstag meines verstorbenen Sohnes

Festlich ist der Tisch geschmückt
Mit einer Kerze und einer Rose,
Ein Bild mit dir, als Kind, bestückt,
Mit den Augen ich liebkose.

Der Kerze Flamme flattert leicht,
Als würde Unruhe sie tragen,
Die Zeit, die Stund' um Stunde weicht,
Zu schnell zähle ihre Tage.

Die Rose, frisch geschnitten,
Entfaltet wie im Garten ihre Pracht.
Bald sieht man, wie sie gelitten,
Und ihre Blätter welken sacht.

Ein Album liegt daneben,
Darin bist du auf jedem Bild zu sehn,
Von Anfang an, dein ganzes Leben,
Das so kurz nur konnt bestehn.

Welch Glück, das wir erlebten,
Dich erstmals auf unsrem Arm zu halten!
Unsre Träume vorwärts strebten,
Dir die Zukunft zu gestalten.

Ich folge mit jedem Bild
Deinem Lebenswege, Schritt um Schritt,
Wie dich Mutter an der Brust gestillt,
Dein Glück bei deinem ersten Schritt.

Viel Freude hast du bereitet
Den Menschen aus deiner nahen Runde –
Sie haben alle dich begleitet
Auf dem Wege deiner letzten Stunde.

Jahr für Jahr an diesem Tag
Folg ich dem Los der Kerze und der Rose
Und was ich noch für dich vermag –
Mit Wehmut folgen deinem Lose!

Abschied von Tomi

Neben der Bahre steht sein Bild
Mit Trauerflor umbunden,
Wie er zu leben einst gewillt
In frohen Alltagsstunden.

Er schaut mich an, er schaut mir nach,
Wie ich vor seinem Sarge steh -
Erinnerungen werden wach,
Die ich in seinen Augen seh.

Was heut geschah, werd ich allein
In Erinnerung behalten.
Das letzte Mal beisammen sein,
Wird ewig in mir walten.

Der Unfall auf der Straße

Ein neuer Tag ist angebrochen,
Der Nebel liegt noch überm Tal,
Die Pflichten an den Morgen pochen,
Der Alltag meldet sich schon mal.

Die Menschen hasten auf den Straßen
Zu ihren Arbeitsstellen hin;
Unnütz die Zeit verstreichen lassen
Kommt niemand ernsthaft in den Sinn.

Die Autobahn ist voll befahren,
Die Laster fahren dicht auf dicht,
Doch niemand denkt an die Gefahren,
An die Bedrohung denkt man nicht.

Auch jene nicht, die überholen,
Missachtend die Geschwindigkeit –
Sie ist zumeist ja nur empfohlen –
Und wichtig ist die eigne Zeit.

Der dichte Strom der Kraftfahrzeuge,
Fließt wellenförmig schnell dahin,
Das Verhalten mancher Leute
Zerstört den Fluss durch ihren Widersinn.

Es leuchten auf der Bremsen Lichter,
Das Fahren kommt plötzlich zum stehn,
Der Schrecken steht in den Gesichtern...
Was ist vorne wohl geschehn?

Mit Blaulicht und mit Martinshorn
Drängt die Polizei bald durch die Reihen
Und der Rettungsdienst, eilends nach vorn –
Ob Opfer noch zu retten seien?

Die Zeit hält an, wie der Verkehr,
Gar lange scheinen die Minuten,
Das noch Ungewisse lastet schwer.
Hier ist jetzt nicht die Zeit zum Sputen.

Dann kommt Bewegung auf die Straße,
Man nähert sich dem Unfallort,
Der Rettungswagen hat ihn verlassen,
Er bringt das Opfer in die Klinik fort.

Links liegt ein Auto auf dem Dache,
Zertrümmert an ganz vielen Teilen,
Auf meiner Bahn eine Blutlache.
Ich kann darob nicht hier verweilen.

Das Autowrack wird weggefahren,
Die Polizei regelt den Verkehr.
Ist dem Opfer Rettung widerfahren?
Bald sieht man keine Spuren mehr.

Die Trauerfeier

Die jahrhundertealte Kirchenhalle
Ist gefüllt von klarem Klarinettenschalle,
Dessen tiefe, volle Trauertöne
Klagen wie ein wundes Wehgestöhne.

Reih um Reih besetzt sind alle Stühle
Von Angehörigen, Verwandten, Freunden,
Es bewegen die gleichen Gefühle
Die Herzen der trauernden Gemeinden.

Bedrückend liegt im Raum die Stille,
Schwer fällt jedem anzunehmen Gottes Wille,
So früh ein junges Leben zu beenden –
Machtlos sind wir dagegen uns zu wenden!

Der Pfarrer predigt tröstende Worte,
Ein Nachruf lässt des Toten Leben nachvollziehn,
Die Trauer liegt an diesem Orte
Auf allen ohnmachtschwer im wahrsten Sinn.

Ich schau fragend um mich in der Runde,
Wem schlägt als Nächstem wohl die letzte
                          Stunde?
Doch werden andre ihn begleiten
Beim letzten Weg, hinterm Sarg hinschreiten.

Erinnerungen an Paulisch

Ich denke oft und gerne
An den kleinen Ort zurück,
Wo, als ich fortzog in die Ferne,
Alldort verblieb mein Kinderglück.

Das Haus mit seinem Garten,
Der Hof, wo einst ein Brunnen stand,
Das Trepplatz, wo die Hühner scharrten,
Sind alle mir noch wohl bekannt.

Hinterm Tor der Maulbeerbaum,
Den ich so oft bestiegen,
Gewährte manchem Vogel Raum,
Auf seinen Zweigen sich zu wiegen.

Der Stall, wo einst die Pferde
Mit ihren Fohlen standen,
Ich auch nie vergessen werde,
Nicht die Schwalben, die dort Einkehr fanden.

Noch seh ich den Vater stehen,
Die Hände auf der Brust verschränkt,
Den leeren Stall und Hof besehen,
Von böser Macht ins Nichts gedrängt.

Alle die schweren Zeiten,
Geprägt von Angst und Not,
Waren schwierig zu bestreiten –
Es ging nicht nur ums täglich Brot!

Ich hatte meine Pflichten,
So im Garten, Haus und Hof.
Erst galt es diese zu verrichten,
Danach das Spiel, sonst gab es Zoff.

Zur Schule ging ich gerne,
Den Weg kenn ich genau,
Von keiner Stunde blieb ich ferne,
Denn lernen macht fürs Leben schlau.

Zuerst die Schiefertafel,
Mit dem Griffel und dem Schwamm,
Dann Federbüchs und Tintenfassel,
Ich in die Schule mitbekam.

Den Ranzen auf dem Rücken,
Oft barfüßig wir gingen,
Die Jausen nur in kleinen Stücken,
Doch frohen Herzens, froher Dinge.

Mit Freunden auf der Straße
Liefen wir den Reifen nach,
Und spielten Fußball ausgelassen,
Bis manchmal eine Scheibe brach.

Die Kühe auf die Weide,
Trieben wir aufs Stoppelfeld,
Bis die Spinnenschar die Seide
Als Altweibersommer drüber hält.

Der Sonntag war ein Festtag,
Mit Kirchgang und mit Weihe,
Und Mutter uns ein Festmahl gab! –
Wie brachte sie 's nur auf die Reihe?

Es gab viele schöne Feste
Im langen Jahresreigen,
Man freute sich auf liebe Gäste
Und durfte sich auch glücklich zeigen.

Für manche schöne Stunde
Traf bei der Kapelle sich
Die Jugend in abendlicher Runde,
Mit Freuden noch erinnerlich.

Bei aller Lebenshärte
War zu Hause es doch schön,
Die schwere Arbeit sich bewährte,
Wenn auch mit Schweiß und mit Gestöhn.

Denn nirgendwo am Morgen
Kann die Sonn so schön aufgehn,
Mit soviel Licht uns zu versorgen
Und rot am Abend schlafen gehn.

Und nirgendwo erstrahlen
Die Sterne mit soviel Glanz,
Sowie der Mond im silberfahlen,
Ihn einhüllenden Zauberkranz.

Als steter Wegbegleiter
Bleibt in der Erinnerung
Der Berg, den es sonst nicht weiter,
Zu finden auf dem Erdenrund.

Wie schön geschmückt im Lenzen
Mit Pfirsichblütenpracht,
So guten Wein wir uns kredenzen,
Aus seinen Trauben frisch gemacht.

Unterm Berge die Elektrisch
Verband uns mit der Stadt,
Dort auf den Markt sie brachte frisch
Die Trauben, Gurken und Salat.

Und wollte man besuchen
Die Verwandten im Banat,
Da brauchte keinen Zug man buchen –
Bei der Marosch lag die Plätt parat.

An der Straße hin nach Arad
Steht ein Denkmal übergroß,
Dass man hier 'nen Krieg gewonnen hat –
Der Siegel für unser Siedlerlos.

Zu all den vielen Dingen
Gehören die Menschen dazu.
In Erinnerung will ich sie bringen,
Auch liegen sie in Gottes Ruh.

Die Zeiten sind entschwunden.
Wie schön. dass sie es gab!
Man hat das Böse überwunden
Und nimmt das Schöne mit ins Grab.

Mein Temeschburg

In Temeschburg, in Temeswar,
Man nenn die Stadt wie immer,
Da verbrachte ich so manches Jahr
In jugendlichem Schimmer.

Ich kannte noch die Feste
Ihrer mittelalterlichen Zeit –
Die Kasematten der Mauerreste,
Vom Siebenbürger Tor nicht weit.

Ein Stück der Festungsmauer
Blieb uns bis heut erhalten,
Für den historischen Beschauer,
Aus der Zeit, der „schönen", alten.

Das Schloss es steht erhaben
An seinem angestammten Ort,
Verschwunden ist der Graben,
Die Sümpfe alle ausgedorrt.

Nur die Bega fließt gebändigt,
Verschönt die Stadt mit ihrem Reiz,
Die Brücken baute man aufwändig,
Beliebt, geschätzt sehr allerseits.

An ihren Ufern zu lustwandeln,
Ist für Liebespaare schön;
Die Hoffnungsvollen angeln –
Man kann beide gut verstehn.

Auch ich ging dort spazieren
Mit meinem Liebchen Hand in Hand,
Im Herzen frohes Jubilieren,
Weil lautre Liebe uns verband.

Drum denk ich wohl so gerne
An die Stadt Temschburg zurück....
Der Rückblick aus der Zeitenferne
Besieht ein oft verklärtes Glück.

Wir gingen dort zur Schule
Und erlernten 'nen Beruf.
Die Anstrengung, die einzig kluge,
Die die Grundlage fürs Leben schuf.

Mit wenig Mitteln oft bedacht,
Wo das Kleingeld nicht nur fehlte,
Haben trotzdem wir getanzt, gelacht,
Wenn der Hunger auch den Magen
       quälte.

Wie oft sind wir Tram gefahren
Und hatten keine Karten!
Der Schaffner „schätze" das Gebaren,
Dass wir an Banis sparten.

Wir haben sie drum lieb gewonnen,
Mit ihrem Tingeln durch die Stadt,
Sind wir auch zu spät gekommen,
Weil Pannen es gegeben hat.

Der Domplatz mit dem Dome,
Dem Brunnen, der Dreifaltigkeit,
Aus Zeiten kaiserlichen Krone,
Sind Zeugen der barocken Baulichkeit.

Das Lloyd, die Kathedrale,
Die Oper und der Corsolauf
Sind Erinnerung für alle,
Vom Flanieren ab und auf.

Es gibt viele schöne Flecken,
Vom Friedhof bis zum Wasserturm,
Und an so manche stille Ecken
Hat man eigene Erinnerung.

Heimatverbunden

Gefolgt den Sehnsuchtsträumen
Verließen unsre Heimat wir.
Verstreut in weiten Landesräumen
Befinden wir getrennt uns hier.

Die Nöte, die einst uns trieben,
Zu verlassen unser Ahnenland,
Sind auch dort zurückgeblieben,
Für unser Neubeginn als Pfand.

Ein Zuhause haben wir gefunden,
Mit Wohlstand, Frieden, Freiheit,
Nicht doch die Trennung überwunden
Von der Heimat der Vergangenheit.

Das Dorf, das einst uns so vertraut,
Das schweren Herzens wir verließen,
So wie der Muttersprache Laut,
Wir hier bedauerlich vermissen.

Die Bräuche und die Sitten,
Die gemeinsam wir gelebt,
Die Lieben, die den Tod erlitten,
Sind zu gedenken wir bestrebt.

Die vielen Schicksalsbande,
Die das Leben dort gewirkt,
Leben weiter hier zu Lande,
Weil die Erinnerung nie stirbt.

Und treffen wir für Stunden
Einmal im Jahr uns allesamt,
So haben wir das Glück gefunden –
Den Heimattraum der Flucht gebannt.

Das Lebensbuch

Das Buch des Lebens hat viele Seiten,
Die Euren Lebensweg begleiten.
Jeden Tag wird dazu geschrieben,
Bedeutsames von Euch und Euren Lieben.

Mit großen Lettern kann man lesen,
Was am wichtigsten gewesen.
So auch die Hochzeit Eurer Kinder,
Und im Gefolge die Enkelkinder.

Führt fleißig Federkiel und Tinte
Auf den Blättern im Gebinde
Und haltet fest noch viele Stunden,
Die Euer großes Glück bekunden!

Heimattag

Jedes Jahr kehren wir zurück
Zum Denkmal für einen Augenblick
Die Vergangenheit zu beschwören,
Der unsre Jugendjahre angehören.

Wie gut dass es das Denkmal gibt,
Damit das Gedenken nicht wegstirbt,
Das Gedenken an die schwere Zeit,
Des Kriegs, des Sterbens und der
                              Vertriebenheit.

Die Sonne hüllt das Denkmal ein
Mit warmem Licht im Friedensein,
Doch dunkel, fliehend ist das Gewand
Der Denkmalgestalten mit leerer Hand.

Es zeugt nicht was sie verlassen,
Nicht die Toten auf den Straßen,
Nicht die Sehnsucht nach der Heimat,
Die man weinend dort gelassen hat.

Es bewegen die Gemüter
Die Ansprache, die Heimatlieder,
Und mancher kämpft versteckt mit Tränen
In Erinnerungen und Heimatsehnen.

Es schwindet Jahr um Jahr die Zahl
Der Gedenkenden von dazumal,
Und seltener werden die Berichte
Von den finsteren Seiten der Geschichte.

So tröste uns der Zukunftsschein,
Dass von einstgen Leiden zeugt nur mehr
                              der Stein
Und die Enkel, die um dem Steine spielen,
Sich hier heimatlich geborgen fühlen.

Die Königsburg

Im Elsass auf hohem Berge
Steht die stolze Königsburg.
Bodo Eberhard ging zu Werke,
Dass aus Ruinen ein Denkmal wurd .

Kaiser Wilhelm bekam als Gabe
Eine alte Burgruine.
Er berief ohne viel Gehabe
Den Architekten auf die Bühne.

Kaum war das Werk vollendet,
Verlor er es als Beute.
Wie das Schicksal sich doch wendet!
Französisch ist sie auch noch heute.

Wohnungswechsel

Vier Wände hat ein Zimmer,
Danach strebt der Mensch schon immer
Dort seine Sicherheit zu finden
Vor Feinden, Kälte, Winden.

Dort sucht er sein Behagen,
Dass ihn keine Ärger plagen
In seiner Wohlbefindlichkeit
Und ruhigen Beschaulichkeit.

Man richtet sich die Wohnung ein,
Nach seines Herzens Widerschein,
Gestaltet sie zum zweiten Ich,
Unverwechselbar und einzig.

Ein jedes Bild war ein Erlebnis:
Ob vor der Trauung das Gelöbnis,
Ob nur ein Streich aus Jugendtagen -
Jedes Bild kann was aussagen.

Der Tisch, der war ein Mittelpunkt,
Der an den Festen oft geprunkt:
Schön gedeckt mit Speis und Wein
Und geschmückt mit Kerzenschein.

Von mancherlei Geschichten
Könnte jeder Stuhl berichten,
Von all jenen, die auf ihm gesessen,
Die man selber schon vergessen

Die Küche muss man schätzen.
Hier pflegte man die Messer wetzen
Um Fisch und Hase, Huhn und Schwein
Zu zerlegen klein und fein.

Auch Gemüse, viele Sorten
Mit dem Fleisch zusammen schmorten.
Löblich wurden hier gebacken,
Süße, leckre Kuchensachen.

In den Betten, wie bekannt,
Schläft man gerne ganz entspannt
Und genießt auch andre Freuden,
Wie es Spaß und Pflicht für Eheleuten.

Mit den Alten, mit den Kleinen,
Gab es Zank und dann Vereinen,
Und viel Spaß bei Witz und Spiel -
Zum Vergnügen nie zu viel.

Licht strömt durch die Fenster ein,
In die Wohnung, in das Herz hinein,
Lässt uns an unsrem Heim erfreuen,
An unsrem selbstgebauten Lebensschrein,

Wo mit Familie, Frau und Kind,
Die Erinnerungen zu Hause sind,
Wie einst des Lebens täglich Lauf,
Mit Glück und Sorgen oft zu Hauff.

Die Vergangenheit und unsre Träume
Füllen lückenlos die Räume -
Viele Träume, die von selbst verbraucht
Und solche, die man nicht mehr braucht.

Die Tür steht jetzt weit offen,
Wo hindurch mit großem Hoffen
Wir in eine neue Wohnung ziehen um.
Wird sie uns bergen rundherum?

Der Umzug

Die Türen stehn offen,
Die Räume sind leer,
Da wohnt unser Hoffen -
Wir ziehen hierher.

Bald kommt der Umzugswagen
Und führt die Möbel an.
Kräftge Arme tragen
Sie in die Räume dann.

Im Vorfeld wurde viel
Gemessen und verglichen,
Mit dem ängstlichen Gefühl,
Dass sich Fehler eingeschlichen.

Doch schon nach kurzer Zeit
Steht jeder Schrank in seiner Nische
Zum belstücken just bereit,
In der Mitte stehn die Tische.

Die Träger schleppen fleißig
Die schweren Kartons rein;
Es sind wohl hundertdreißig,
Auch können mehr es sein.

Sie schlichten bis zur Decke
Sie übereinander auf;
Es bleiben auf der Strecke
Die Hinweise darauf.

Beim Anblick dieses Chaos'
Erfasste mich ein Graus,
Den wurde ich erst wieder los
Als dann die Träger aus dem Haus.

Dann sah man erst die Schäden,
Die aufgetreten sind.
Es hilft kein Schönbereden -
Sie sind jedes Umzugs Kind.

Ein Kratzer da und einer dort,
Der Schrank steht nicht im Lot..
Das sieht man dann vor Ort-
Die Tür hat ihre Not.

Wo verblieb der Schlüssel
Von dem weißen Schrank?
Und wo die kristallne Schüssel
Mit dem geschliffnen Rand?

Wo ist bloß die Akte,
Vom Finanzamt zugeteilt?
Ob ich sie einpackte?
Wo doch die Antwort eilt!

Die neue Brotmaschine
Verweigert ihren Dienst,
Weil ich sie falsch bediene.
Ob sie mich wohl angrienst?

Die Spülmaschine auch
Streikt beim Erstbestücken.
Oder wird es zum Gebrauch,
Den Fachmann anzurücken?

Wie bei Schildbürgern ein Streich:
Der Fachmann tat bloß drücken
Auf den Knopf, und auch sogleich
Tat die Maschine uns beglücken.

Was werd' ich noch vermissen
Im nächsten Zeitenlauf?
Das werde ich erst wissen,
Komm ich auf das Fehlen drauf.

Das Wohnen hat begonnen.
Die kleinen Scherereien
Stören nichtig unsre Wonnen,
Unser Glück hier einzuweihen.

Begrenzung einhalten

Du darfst den Laster nicht zu hoch
                              beladen
Denke an die Durchfahrtsbrücken –
Allzu leicht erleidest Schaden ,
Denn er kann sich ja nicht bücken.

Die Straßenbahn

Die Straßenbahn in unsrer Stadt,
Die fährt von einem Ort zum andern
Und wenn man eine Karte hat,
Dann braucht man nicht zu wandern.

Man sitzt bequem auf seinem Stuhl
Und schaut zum großen Fenster 'naus,
Bei Gedränge bleibt man cool,
Denn alle steigen einmal aus.

Man fährt entlang der Straßen
Und Haus um Haus ziehn da vorbei.
Man bleibt ruhig und gelassen
Beim Anblick der Straßendrängelei.

Es gibt kein Rot, bei dem es blitzt,
Keine müßige Parkplatzsuche,
Von Wind und Regen gut geschützt,
Liest genüsslich man im Buche.

Man fährt Straßenbahn am Morgen,
Man fährt Straßenbahn zur späten Nacht,
Will man Einkäufe besorgen,
Und wird von der Oper heimgebracht.

Gar eng wird auf den Preis geschaut,
Doch denke man auch an die Kosten:
Es wurden Tunnels ausgebaut
Und die Schienen zeitlich Rosten.

Viele Menschen dafür stehen,
Die Fahrten aufrecht zu erhalten,
Zu Unzeiten zur Arbeit gehen,
Uns unsren Wohlstand zu gestalten.

Zigarettenkippen

In der Straßenbahn ist saubre Luft,
Keine Spur von Zigarettenduft.
Die Raucher haben sich daran gewöhnt,
Dass Rauchen öffentlich verpönt.
So macht Rauchen kein Verdruss,
Frönt man draußen dem Genuss.
Doch wirft der Raucher auf die Schnelle
Die Kippen in die Haltestelle,
Entsteht schon wieder ein Problem:
Den Unrat auf dem Boden anzusehen.
Gibt es Körbe hierfür nicht?
Stehn sie nicht in freier Sicht?
Oder ist der Schweinehund so groß
Und man übersieht sie bloß?

Der Liebe Preis und Lohn

Oh, wie ist die Liebe doch so schön!
Wie ist sie unersättlich!
Wer von ihr einmal verwöhnt,
Wird über-, überglücklich.

Sie steigert die Gefühle
Zur allerhöchsten Wonne,
Berauscht im Liebesspiele,
Im Herzen brennt die Sonne.

Wohllust ist ihr Höhepunkt,
Der nicht zu steigern ist -
Das Wohlgefühl so prunkt,
Dass man es nie vergisst.

Wie sonst alles auf der Welt,
Fordert dies auch einen preis,
Der den schönsten Lohn darstellt -
Das stell ich in Beweis.

Ein Kindlein zart wird Zeugnis,
Neun Monate erst später,
Von dem betörenden Ereignis.
Ich kenne nichts beredter.

Es ist der Liebe Krönung,
Das wahre Glück fürwahr!
Die süßeste Verwöhnung
Für das junge Elternpaar.

Das Warten

Dass beim Friseur man warten muss
Und beim Theaterkartenschalter,
Bereitet niemandem Verdruss-
Man wartet brav in jedem Alter.

Auch in Läden an den Kassen
Steht man still die Reihe an,
Man benimmt sich ganz gelassen,
Bis man den Kauf bezahlen kann.

Doch viel schöner ist das Warten
In einem noblen Restaurant
Oder draußen im Biergarten,
Gewöhnlich hoffnungsfroh, entspannt.

Man nimmt sich eben Zeit genug,
Denn genießen will man schließlich -
Durchlebt den Vorgang Zug um Zug,
Weil Gaumenfreuden machen glücklich.

Das Warten hat genaue Grenzen
Beim Fliegen und Eilzugreisen,
Dort kann beim Reisen man faulenzen
Und auch die Verpflegung preisen.

Verspätet doch einmal die Bahn
Aus ungewollten Gründen,
Geschieht, was man kaum glauben kann:
Man bekommt sogar ein Abfinden!

Dass dies beim nächsten Kartenpreis
Bei allen wird mit eingerechnet
Ist banal, doch der Beweis,
Wie freudetrügend man doch rechnet.

So frag ich mich in stiller Weise:
Wer zahlt den Autofahrern,
Die täglich Stunden auf der Reise
Im Stau verweilen, statt zu fahren?

Ganz anders ist das Warten
Beim Arzt im Wartezimmer,
Mit oft unbekannten Karten
Wird's minutenweise schlimmer..

Man bangt und hofft immer zugleich,
Bis man die Diagnose kennt;
Man hält im Auge den Vergleich
Von Gut und Böse, was sie trennt.

Doch mit beiden Möglichkeiten
Muss man selber weiter leben.
Es gibt bei allem ja zwei Seiten-
Und anders ist es nicht im Leben.

Die Erwartung

Das Warten ist dein ständiger Begleiter,
Ob du bewusst es wahrnimmst oder nicht
Ohne sie, kämst du keinen Schritt weiter -
Die Ziele blieben in gleichferner Sicht.

Die Dinge, die du erlebest Tag für Tag,
Die folgen auf ungeplanter Weise,
Die vorauszusehen so man nicht vermag,
Sind schicksalhaft auf unsrer Lebensreise.

Man wartet gern auf selbst gesteckte
Ziele,
Die Freude bringend man erreichen will.
Es steigern sich die Glücksgefühle
Bis ans Ziel. Dann stehet alles still.

Ein neues Warten hat sich eingestellt,
Vielleicht von Bangen, Angst begleitet,
Langsam fließt die Zeit, die man abzählt,
Bis man ins böse Endziel schreitet.

Die Gewissheit, die das Ziel erbringt,
Lässt die Spannung der Erwartung weichen,
Und im Herzen neue Hoffnung schwingt,
Den Tiefstand wieder auszugleichen.

Der enttäuschte Fotograf

Es steht ein Herr vorm Blumenbeet,
Er möchte es gern ablichten,
Doch die Sonne hinter Wolken steht,
So bescheint sie es mitnichten.

Als die Wolke weggezogen,
Da schien sie auf die Nebenmatte.
Der Herr, er fühlte sich betrogen –
Das Beet, es lag im Baumesschatten.

Der Nörgler

Der Nörgler sieht genau,
Was der andre unterlassen,
Ist aber so schlau,
Nicht selber anzufassen.

Der Wald

Ein Wald besteht aus vielen Bäumen,
Gar unterschiedlich und doch gleich;
Jeder Baum grünt seine Träume –
Das macht den Wald so schön und reich.

Knaut, der Retter des Münsters
zu Straßburg

In Straßburg steht ein Münster,
Das strahlt weit in die Welt hinaus,
Daran wirkten viele Künstler,
An dem erhabenen Gotteshaus.

Man brauchte viele hundert Jahre
Bis es stand in seiner Pracht.
Gefährdet war der Turm, der wunderbare,
Nachdem den Rhein man zahm gemacht.

Ein Mann mit ganz genauem Blick
Sah sein bedrohlich Neigen.
Durch sein Beharren, sein Geschick,
Konnt der Turm erhalten bleiben.

Zu ehren gilt den Meister Knaut
Und seinen Freund, Herrn Züblin,
Die dem Turm das Fundament gebaut,
Dass er sicher stehe zukunftshin.

Sein Werk hat glücklich Knaut vollendet,
Einen großen Dienst der Kunst erbracht-
Keinen Lohn hat man ihm zugewendet-
Das hat der große Krieg gemacht.

Postum ward ihm als Dank gesetzt
Ein Denkmal unter einem Pfeiler...
So trägt auf seinem Rücken jetzt
Die Last des Münsters, Knaut, sein Heiler.

Der Wellen Sensenschritt

Es zirpen ungeladen
Ihr altes Liebeslied
Im Chore die Zikaden,
Wie der Schöpfer es vorschrieb.

Es rauschen die Meereswogen
In regelmäßig gleichem Schritt,
Als wenn mit Sensenbogen
Der Bauer die Ähren schnitt'.

So klingt's mir in den Ohren,
So seh den Vater ich –
Er hat sich schwer geschoren
Mit Pflug und Sense bäuerlich

Ich darf den Strand genießen,
Die Schönheit der Natur...
Wie die Zeiten anders fließen,
Kann dankbar sein ich nur!

Es musizieren beide
Berauscht die ganze Nacht,
Der Mond mit seinem Scheine
Erhaben sie bewacht.

Vergänglich

Ein Obstbaum steht im Garten,
Der jeden Frühling blüht.
Die Menschen darauf warten,
Dass man auch Früchte sieht.

Der Gärtner freut sich Jahr für Jahr
Auf seine Blütenpracht
Und ist im Herbst dann dankbar,
Hat er reichlich Ernte eingebracht.

Kommt der Baum dann in die Jahre
Und trägt keine Früchte mehr,
Wird das Schicksal er erfahren,
Geholzt zu werden ohne Gegenwehr.

Das Vogelpaar, das dort genistet,
Sucht sich einen andern Baum.
Ob es den alten Baum vermisste?
Die junge Brut ganz sicher kaum.

Gelästert

Eine Behandlung kennt zwei
                    Gewinner:
Den Apotheker und den Mediziner.
Gesundet aber der Kranke dabei,
So sind es der Gewinner gar drei!

Für unsre Kindeskinder

Vogelsang und Blütenpracht
Hat uns zur Freude Gott gemacht.
Die Berge, Täler, Seen,
Die Wälder, Auen zum Begehen,
Sind unser all gemeinsam Gut. –
Er legte sie in unsre Hut.

Nicht nur zur Sinnesweide
Gehört uns Berg und Heide.
Alles was da wächst und blüht,
Und uns erfreuet das Gemüt,
Ist unsrer Sorgfalt anvertraut,
Als unsrer Kinder Zukunftsbraut.

Und was es gibt zu finden
Unter unsrer Erde Rinden,
Die Schätze all da ohne Zahl,
Und unbenannte allemal,
Sind nur *einmal* zu verwenden. –
Hütet euch, sie zu verschwenden.

Auch unsre Kindeskinder
Möchten Sommer, sowie Winter
Noch erleben ohne Lebensnot,
Mit saubrem Wasser, täglich Brot,
Sich freuen an der Herrlichkeit,
Bedroht von unsrer Schlemmerzeit.

Das Kind ist Zukunft

Es dient die menschliche Vernunft
Sich übers Lebensziel hinwegzusetzen;
Man tilgt bewusst die Zeugungsbrunft,
Um unsern Morgen mit Leere zu besetzen.

Man ist zu feige, zu bequem
Um sich die Last der Kinder aufzubürden
Und jede Pflicht ist ein Problem,
Man umgeht beflissen jede Lebenshürde.

Die Familie ist kein Lebensort
Mehr in den Augen der modernen Leute,
Und unbekannt der schönste Hort –
Das Glück, das Eltern nur Kinder bereiten.

Heut ist ein Kind ein Wohlstandsgift,
Das Mühe bringt und Geld und Freizeit kostet.
Im Alter geht man in den Stift,
Wenn dann die letzte Lebenskraft verrostet.

Die Gemeinschaft muss herhalten,
Für die man nie 'nen müden Blick erübrigt'.
Doch würde diese ähnlich walten,
Wie elend wär der letzte Traum versiegt!

Und wie anders doch die Tiere.
Die leben unbelehrt den Lebenssinn,
Ob das Beispiel von der Biene
Und vom Adler bis zum Elefanten hin.

Sie züchten ihre Nachkommen,
Nicht zu sichern ihren eignen Unterhalt,
Die Menschen nur sind unbenommen
Von den Kindern abhängig, sind sie mal alt.

Willst du leben bis ins Alter,
Denk daran, dass jung dein Leben einst
                                          begann,
Dein Weiterleben, wie beim Falter,
Nur durch steten Neubeginn bestehen kann!

Es gibt keine Ruh

Wie suche ich die Ruh
Um in mich zu kehren!
Und Träume immerzu
Die Sinne zu entschweren

Wenn weit und breit kein Laut
Nicht mal zu erahnen...
Die Turmuhr zaghaft schaut –
Sie muss die Zeit ermahnen.

Die Zeit muss weiter ziehn,
So ist sie geschaffen.
Die Ruhe ist dahin
Und Zeit mich aufzuraffen.

Die Sorgennacht

Ich erwache müde am Morgen.
Wenn der Tag die Nacht zerbricht,
Erblassen die nachts drückenden Sorgen
Im aufhellenden Tageslicht.

Schlaflos war die Nacht und viel zu lang,
Der Blick zur Uhr gar häufig führte,
Vom Kirchturm der Glockenschlag erklang
Zu selten, als es sich gebührte.

Das Herz fand rasend keine Ruh
Und Schweiß spross mir aus allen Poren,
Angst und Bangen bedrängten immerzu
Den Sinn. Die Hoffnung ging mir fast verloren.

Ein Gebet in der Verzweiflung,
Ein Hadern mit Gott und mit der Welt,
Ein Versuch der nackten Schuldzuweisung,
Wo jedes schuldhafte Vergehen fehlt.

Wenn den Weg die Finsternis verdeckt,
Lässt ihn das Licht dann doch erkennen.
Schnell wird die schiere Hoffnung neu entdeckt
- Verzweifelt spurt ein Siegesrennen.

Im November (Klimaschutzkonferenz)

Es blühen Rosen vor dem Fenster
Und Veilchen blühen unterm Strauch
Und aus dem Schornstein steigt kein Rauch....
Es sind wahrlich keinerlei Gespenster.

Nebel sollte durch die Täler wallen,
Kahle Sträucher Wege säumen,
Krähen sitzen auf den Bäumen,
Glatteis morgens auf die Straßen fallen.

Die Gletscher schmelzen in den Bergen,
Der Eisbär bangt um sein Bestehen,
Hurrikans, Tornados oft entstehen –
Es steigt die Zahl der Opfersärge.

Zusehends ändert sich das Klima,
Wie's die Weisen vorausgesagt,
Jedes Tun dagegen wird vertagt,
Denn so weiter schwelgen sei so prima.

Katastrophen fordern Land und Leute
Und Milliarden Steuergelder,
Zu Wüsten werden unsre Wälder,
Die Natur wird der Begierde Beute.

Doch dürfen Mächtige so walten,
Als stünde ihnen alles zu?
Kennt man auch den protzigen Filou,
Nicht doch, wie den Schwachsinn
                                       auszuschalten.

Globalisierung

Ein Globus ist unser Erdball,
Umfasst man ihn in seiner Rundung
Und spricht man heute von global,
Ist zeitgemäß auch die Bekundung.

Indizien brachten uns das Wissen,
Dass die Erde eine Kugel ist.
Mit erhabenem Gewissen
Sie vom Mond zu sehen ist.

Verbindend war seit allen Zeiten
Die Atmosphäre, die sie umschließt,
Nach außen hin in Himmelsweiten
Der Sterne Licht vereinend fließt.

Es wuchsen unsre Möglichkeiten
Die Erde enger zu umspannen,
Elektronik heißt der Geisterreiter,
Die Entfernungen zu bannen.

Schnell befördert sind die Güter,
Oftmals aber ohne Sinn und Zweck,
Doch erfreut es die Gemüter,
Kommt man schneller doch von Fleck zu
                                        Fleck.

Eine Schraube aus Australien
Und dazu der Bolzen aus Fernost,
Und die Achse aus Italien
Fügt zum deutschen Auto man getrost.

Viele so zusammen schaffen,
Aber unterschiedlich ist ihr Lohn.
Die Konzernen aber raffen
Kräftig, ungeachtet der Nation.

Wichtig nur die Dividenden,
Die dann reichlich werden ausgeteilt,
Und wenn Betriebe dann verenden,
Ist der Manager davon geeilt.

Arbeitskräfte, Bodenschätze
Werden weltweit schamlos ausgenützt,
Raufen um die Absatzplätze –
Aber keiner der die Zukunft schützt.

Dass zu viele Schlote rauchen,
Dass das Lebensgrün der Erde weicht,
Dass *mehr* Menschen *mehr* verbrauchen,
Zum Verständnis der Bedrohung reicht.

Schon ist zugänglich für viele
Der Erde so wundersame Pracht,
Doch *mehr* sind ferne diesem Ziele,
Deren Leistung dies erst möglich macht.

Bis alle Menschen im Verbunde
Sich glücklich in einem Reigen drehn,
Schlägt noch lange nicht die Stunde,
Ist noch ein langer steinig Weg zu gehn!

Am 50. Jahrestag der EU

Ich schweife zurück mit den Gedanken
In meines Lebens Vergangenheit.
Ich habe Grund mich zu bedanken
Für eine vielfach reiche Zeit.

Ich kann hundert Jahre überblicken,
Die greifbar mir vor Augen stehn,
Der Eltern ihre Zeitgeschicken
Lebendig mit den meinen gehn.

Die gefühlte Zeit wird immer schneller,
Die Ereignisse folgen dicht auf dicht,
Doch wird das Leben dabei heller
In deren verworrenem Dickicht?

Es strebte ein Fortschritt ohne Gleichen,
Kaum gewagte Träume zu erfüllen;
Die Alten würden gleich erbleichen,
Könnte man ihnen ihn enthüllen.

Die Mühsal der Hände schwere Arbeit
Gehört der Vergangenheit längst an,
Ein Leben schon fast ohne Kargheit –
Könnte zustehen für jedermann.

Der Mensch hat sehr vieles verwandelt –
Sein Umfeld ward schön und behaglich...
Hat richtig er immer gehandelt?
Bleibt künftighin offen und fraglich.

Doch verwischt nicht aus dem Gedächtnis,
Was sich Böses die Menschen angetan.
Die Kriege, sie seien Vermächtnis
Für unseren Frieden fortan.

Und der Blick hinaus über die Grenzen
Lässt erkennen, was Sorgen mir macht,
Dass Menschen sich Unheil kredenzen ·
Im Streben nach Reichtum und Macht.

Statt dass die Völker sich friedlich umarmen,
Durch die Globalisierung vereint,
Herrscht der Gewinn ohn Erbarmen,
Wenn das Volk auch bitterlich weint.

Es wächst und verschärft sich das
                        Schräggewicht
Zwischen den Quellen und der Menschen Zahl,
Das Klima dabei zusammenbricht.
Ist das der Weg ins Jammertal?

Die Möglichkeiten richtig zu nützen,
Zu leiten durch unsre Vernunft,
Kann allein nur sichern und schützen
Das Wohl der Menschen der Zukunft.

Blauäugig

Fast fünfzig Staaten sitzen in der Runde
Und beschließen ein Streubombenverbot;
Wohlgemerkt, *sie* hatten bis zur Stunde
Solche Bomben nie im Angebot.
Die, die aber solche Bomben bauen,
Dabei Frieden versprechen für die Welt,
Zur Konferenz gar nicht hineinschauen –
Frag ich, was beider Versprechen zählt?

Parallele?

Je mehr ich versuche zu vernichten
Von den Schnecken in meinem Garten,
Sind es nächsten Tag mitnichten
Weniger, die auf mich warten.

Je mehr wir für die Kinder spenden,
Die in Afrika an Hunger darben,
Statt das Elend sich zu wenden,
Im letzten Jahr mehr Kinder starben.

Fernsehen

Da sitzt man viele Stunden
Vor dem blinkenden Gerät ,
Es bringt die Zeit über die Runden
Wenn Langeweile man verschmäht.

Selbstverzicht auf Klimaschutz

Sind wir Deutschen von besondrer Art?
Für jeden faulen Starrsinn haben wir parat
Eine Erklärung der Besonderheit
Unsres Unsinns, als Notwendigkeit.
Wir fahren gern schwere Karossen
Bespannt mit hunderten von Rossen
Und zeigen damit, was wir können:
Protzen und unangemessen rennen.
Und weil dies uns angeblich so zusteht,
Der Wahnwitz ungebremst auch weitergeht.
Um unser krankes Ego anzustreichen,
Müssen die Bedenken alle weichen.
Nicht stört uns der Benzinverbrauch,
Der Giftausstoß und der vom Rauch
Und dass das Klima rettungslos zerbricht
Und unsre Zukunft mit – das stört uns nicht!
Dass auch die eignen Kinder mitbetroffen,
Ist leider nur ein schales, leeres Hoffen.
Wär edler nicht doch die Kalesche,
Gezogen mit einem Ross mit Blesse?
Wie einst die Hoheiten vorfuhren
Zu ihren glanzvollen Galatouren?
Der Kreis scheint unbrechbar geschlossen:
So lang es gibt die Schwerstkarossen
Müssen sie auch gefahren werden –
Und solang man fährt mit dem Verderben,
Müsse auch die Industrie sie produzieren,
Sonst würd viel Zaster man verlieren.

Es scheint für diese, abwegig, zu denken,
Den Kindern Zukunft selbst zu schenken.
Statt groß und protzig, klein und fein
Sollte des Zukunftswagen Lösung sein.
Das setzt voraus ein Stück Verzicht,
Doch fehlt hierfür die Selbsteinsicht.,
Wie einst für Gurt und Fahrerhelm –
Verpönt war oft der Einsichtsschelm.
Es musste ein Gesetz herhalten,
Mit Zwang zu ändern das Verhalten
Der *freiheitlichen* Kreaturen
Und Mitmenschen verachtenden Figuren.
So mancher dieser Egoisten
Ohn Zwang ihr Leben heut vermissten!
Die Politik steh für das Zauberwort,
Das möglich macht, dass weiter fort,
Noch nach ungezählten Jahren
Unsre Kinder auch noch Auto fahren.

Nachteilig

Der Zahnarzt lehrt die Kinder Zähne
                                    putzen,
Doch ist dies nicht zu seinem Nutzen,
Wenn später keiner Karies kriegt
Und nicht in seinem Arztstuhl liegt

Die Genugtuung des Kleinen

Ein Mäuschen in der Speisekammer
Hat sich Käse munden lassen,
Da bemerkte es, o Jammer,
Die Katze hinter Vorratstassen.

Es flüchtete ins Mäuseloch,
Bevor die Katze es erreichte,
Wo es mit Quietschen sich verkroch -
Es klang wie eine Beichte.

Es hat den "Kampf" für sich
                      entschieden,
Was es mit stolz erfüllte,
Der Katze Zugriff wohl vermieden,
Was seine Überlegenheit enthüllte.

Die Genugtuung der Kleinen,
Ganz groß in den eignen Augen,
In Wahrheit nur zum Scheine-
Für wie lange wird sie taugen?

Sinnlos

Was nützt der Gang zu vielen Ärzten,
Wenn zu Hause die Schränke bersten
Von den verordneten Arzneien,
Statt der Gesundheit zu gedeihen.

Tun und ruhn

Es gibt Menschen, die können nicht ruhn,
Sie haben ständig etwas zu tun,
Und solche, die können die Arbeit nicht
leiden,
Versuchen sie, wenn möglich, zu meiden.

Besieht ihre Konten man im Vergleich,
Ist einer arm, der andere reich,
Der eine freut sich an seinem Gewinn,
Beim andren schwindet das Haben dahin.

Wie soll bei solch ungleichem Streben
Es den gleichen Wohlstand geben?
Eine Belohnung kann man nicht verlangen,
Wo es eher gelte zu belangen.

Der Kalk in den Adern

Wächst der Kalk in deinen Adern,
Ist dein Herz und dein Gehirn bedroht.
Vergebens wirst du mit dir hadern:
Du hast zur rechten Zeit das Angebot
Gesund zu leben ganz missachtet
Und deinen Körper überfrachtet!

Die Unterschiede

Es fahren auf den Straßen
Unterschiedlich große Wägen,
Ob Smart, ob Edelklassen,
Sie alle vorwärts sich bewegen.

Die Kleinfahrer sind neidvoll,
Wenn die Großen vorbeiflitzen.
Sie fänden es gar sautoll
In einem großen mal zu sitzen.

So nutzt man die Gelegenheit
Bei Geschwindigkeitsbegrenzung,
Wenngleich es eine Widrigkeit-
Man überholt mit schnellem Schwung.

Ist die Genugtuung auch mächtig,
Die Unterschiede ändert's nicht.
Sie bleiben weiterhin beträchtlich-
Der Große übt sich nur in Nachsicht.

Die sieben Jahre

Im Manne lebt weiter der Bube.
Und steigt er über die Wolken hinaus,
Seine Wurzeln bleiben die Kinderstube,
Die sieben Jahre im Elternhaus.

Der innere Schweinehund

Zwei Tiere sind in einem Ding gestaltet
Das im Menschen böse waltet,
Ihn von seinem bessren Sinn,
Führt bewusst zu einer Untat hin.
    Dies ist sein innrer Schweinehund!
    Na, und?

Mit dem Rauchen gibt man gerne an
Und glaubt man sei ein bessrer Mann,
Und benimmt sich wie ein Gangster,
Werft den Stummel aus dem Autofenster.
    Dies ist sein innrer Schweinehund!
    Na, und?

Die meisten lieben Sauberkeit,
Auf dem WC in Sonderheit.
So mancher aber tut sich schwer,
Sauber es zu lassen hinterher.
    Dies ist sein innrer Schweinehund!
    Na, und?

Da saß ein Mann und trank sein Bier.
Ihm blieb die leere Dos' dafür.
Die warf er auf den Straßenrand,
Weil kein Mülleimer daneben stand.
    Dies ist sein innrer Schweinehund!
    Na, und?

Ein Mann geht durch den Apfelgarten,
Wo die Äpfel auf die Ernte warten.

Er nimmt sich welche zum genießen,
Mag's den Bauern auch verdrießen.
    Dies ist sein innrer Schweinehund!
    Na, und?

Die Dame nimmt sich Ware tiefgekühlt,
Nachdem die Truhe sie durchwühlt',
Legt später einen Teil davon
An warmer Stelle ab; Wen stört das schon?
    Dies ist sein innrer Schweinehund!
    Na, und?

Man isst ja doch für den Erhalt
Seiner Gesundheit und Gestalt.
Trotz besserem geschultem Wissen
Verschlingt man unerlaubte Bissen!
    Dies ist sein innrer Schweinehund!
    Na, und?

Zum Büffet stürmen die Gäste,
Jeder nimmt für sich das Beste,
So mancher nimmt sich viel zu viel –
Für ein Ausgleich fehlt ihm das Gefühl.
    Dies ist sein innrer Schweinehund!
    Na, und?

Vom Blumenfeld mit –zig Gladiolen
Kann man selber Blumen holen,
Für drei Euro gleich fünf Stück –
Die sechste ist für manchen nur ein Trick.
    Dies ist sein innrer Schweinehund!
    Na, und?

Wozu beflissen?

Moritz geht Tag für Tag zur Schule,
Doch hört er dem Lehrer nicht zu;
Er schaukelt mit dem Stuhle
Und stört so die Klassenruh.

Er schaut durchs Fenster in den Garten,
Des Lehrers Stimme kommt nicht an,
Auf Antwort lässt er warten,
Fragt ihn der Lehrer dann und wann.

Im Kopfe hat er Grütze,
Kann alles schnell begreifen,
Es kommt ihm nicht zu nütze
Weil die Kenntnisse nicht reifen.

Dafür müsst er zu Hause üben,
Doch da ist er unbeflissen;
Das Lernen will er stets verschieben,
Und das mit ruhigem Gewissen.

Die Bücher liegen frei herum,
Statt im Schrank sie aufzuschlichten,
Das mit der Ordnung nimmt er krumm
Und die Tasche hinzurichten.

Viel lieber am Computer
Widmet ganz er sich dem Spiele;
Genau so gerne ruht er
Und hat den Fernseher zum Ziele.

Doch sonst ist er begehrlich,
Geht es mal um Klamotten,
Um so manches was entbehrlich
Und sonstige Marotten.

Willst du ihn dann belehren,
Was wichtig für das Leben ist,
Wird prompt er dir bewähren,
Dass jede Einsicht er vermisst.

Zeitenlänge

Es dauert länger die Zeit beim Warten
Als beim Etwas-zu-tun,
Weswegen manch Schlaue entarten
Und öfter lieber mal ruhn.

Sie möchten an Zeit Zugewinnen,
Wohl ohne der Jahre Zahl,
Doch wenn leer die Stunden zerrinnen,
Bleibt der Gewinn auch recht schmal.

Werte

Das Zugestehen einer besseren Idee
eines anderen ist wertvoller als das Durch-
setzen einer eigenen weniger guten
Idee.

Gassi gehn

Die Frau führt an der Lein'
Den Hund beim Gassigehn.
Der hebt sein Hinterbein,
Bleibt er beim Baume stehn.

Er setzt 'ne Duftnote,
Kennzeichnet sein Revier,
Gegen die Verbote
Legt ein Häufchen er daher.

Was so selbstverständlich
Auch für den Hund sein mag,
Ist mehr als nur umständlich
Für den, der darein trat.

Die Verwüster

Junge Leute, die falsch erzogen,
Benehmen sich nicht ausgewogen.
Sie zerstören öffentliches Gut
In ihrem jugendlichen Übermut.
Den Schaden, den sie anrichten,
Steigert unser aller Steuerpflichten.

Das Bild im Spiegel

Der Spiegel ist ein großer Schelm:
Wer immer in ihn schaut,
Ob Mann mit Harnisch und mit Helm,
Ob Frau in Weiß als Braut –
Man sieht sich **gleich**, in eigner Haut.

Man sieht sich doch gern im Spiegel,
Gleichwohl ob jung, ob alt.
Unter seines Schweigens Siegel
Sieht man die eigene Gestalt,
Entzückt, ganz ohne Vorbehalt.

In den bunten Modeblättern,
In der Fernsehenreklame,
Schreibt man stets mit großen Lettern,
Was just schön ist für die Dame,
Was verpflichtet man nachahme.

Sie färbt sich die Lider dunkel
Und zupft die Brauen aus –
Versunken ist das Auggefunkel.
Mit Pinsel und mit Wattebausch
Streicht sie sich die Sprossen aus.

Du liebe Frau, was plagst du dich,
Dein Antlitz zu verstellen,
Nach deinem Plan, rein äußerlich.
Dein Freund bemüht sich vorzustellen
Dich in Natur, - dich aufzuhellen.

Er möchte sehn den Glanz der Augen,
Die dunkle Schatten trüben,
Deiner Haare Duft einsaugen,
Den Samt deiner Haut berühren,
Die Frische deiner Lippen spüren.

Der Spiegel sieht sich alle an
Und denkt sich oft im Stillen:
Was Menschen sich schon angetan,
So ganz aus eignem freien Willen,
Die Minderwertigkeit zu stillen.

Die Ereignisse

Keine Ereignisse bleiben stehen,
Vergänglich sind jegliche Geschehen.
Und die Folgen, die sie berufen,
Sind sogleich kaum einzustufen.

Ob sie gering oder ob gewaltig,
Ob nur flüchtig oder stark nachhaltig,
Die Wirkung wird erst im Nachhinein
Richtig einzuschätzen zu sein.

Der kleine Strich

Man lernt lesen, rechnen, schreiben
Um für später nicht zu dumm zu bleiben.
Doch das Leben legt noch manches drauf,
Wie zum Beispiel beim Krawattenkauf.

Wie auch in anderen Bereichen
Gibt es Unterschiede zu vergleichen
In der Schrift, von Land zu Land,
Die leider nicht jedem so bekannt.

In Kalifornien auf der Reise
Überraschten mich die Niedrigpreise
Der Krawatten, die sogar aus Seide -
Eine richtige Augenweide.

Zehn Dollar las ich auf dem
                          Warenschild.
Das zu zahlen war ich auch gewillt,
Doch bei der Kasse verlangt man mehr:
Siebzig Dollar. Da staunt ich sehr.

Was man in den Staaten wissen muss:
Die Sieben hat **keinen** Strich am Fuß.
Mir ist der Durchstrich der Ziffer Sieben
In böser Erinnerung geblieben.

Doppelsinniges Ohrenwackeln

Marianne und ihr Hans
Treffen ihre Freunde jede Woche,
Die Heidrun und den Franz,
Dabei wird viel gesprochen.

Über Politik und Sport
Unterhalten gerne sich die Herren,
Über Verbrechen und so fort,
Und wen man sollte noch einsperren.

Die Damen, wenn auch nicht modern,
Beraten über Gerichte, Kuchen,
Um die Köche mit den vielen Stern'
Zu überbieten, sie versuchen.

Doch bleibt die Mode, die Nummer eins
Im Gespräch auch dieser Damen,
Sowie die Behandlung ihrer Teints
Mit den Cremes, der wundersamen.

Marianne sprach von dem Getummel
Vor ein paar Tagen in der Stadt,
Als sie zum Einkaufsbummel
Den Hans auch mitgenommen hatt'.

Es gefiel ihr dort ein Mantel,
Mit entsprechend „schönem" Preis,
Dafür war neu er auch im Handel,
Für seinen Wert auch *der* Beweis.

„Ich hofft, Hans wackle mit den Ohren
Um die Freude mir zu gönnen.
Meine Hoffnung ging verloren –
Er wollt mich nicht verwöhnen!(?)"

Darauf der Hans, Mariannes Mann:
„Nicht aufs Gönnen kommt es wahrlich an,
Vielmehr darauf, dass man
Mit den Ohren wackeln kann!"

Jung wird alt

Des Zeitenlaufs Gewalt:
Die Jungen werden alt,
Die Alten bleiben alt -
Dagegen gibt es keinen Halt.

Wenn die Modereißer
Auch anderes verheißen,
Immer jung zu bleiben
Ist nur ein Geldeintreiben.

Die es glauben sind die Dummen
Und zahlen große Summen
Für leeres Hochversprechen.–
Moralisch ein Verbrechen.

Nachbarschaft

Es wohnen zwei Parteien
In einem Reihenhaus.
Ein Eingang dient den zweien
Zum Gehen ein und aus.

Unten zwei Junge wohnen,
Gleich bei der Eingangstür.
Sie kennen kein Sich-schonen,
Sie sind zu jung dafür.

Am Stock wohnt eine Dame,
Oft krank und nicht mehr jung,
Ihre Kräfte wirken lahme
Bei jeder Anstrengung.

Vom Einkauf schleppt sie Tüten,
Für sie oft viel zu schwer,
Dies wäre zu verhüten –
En Wägelchen sollt her.

Sie könnte es abstellen
Im weiten Eingangsflur,
Die Jungen, wie Rebellen
Stehn auf der Gegenspur.

Die dulden keine Störung
Im Eingangsflurbereich
Und streiten mit Empörung,
Gehört *auch allen* er zugleich

Die Dame muss sich plagen,
Zum Verschnaufen oft anhalten.
Wo *so* Einsicht zu beklagen,
Kann keine Rücksicht walten.

Wie anders wenn die beiden
Einen Hilfsgriff leisten würden –
Sie würden sich gut leiden,
Die Kranke leicht entbürden.

Arm sind solche Egoisten,
Wenn sie auch reich sich wähnen,
Nicht Geld, das sie vermissten –
Im Herzen öde Kammern gähnen!

Die Freundschaft

Die Freundschaft ist ein hohes Gut,
Das auf Gegenseitigkeit beruht.
Sie kennt kein Wenn, sie kennt kein Aber,
Sie hat Zeit, sie ist kein Traber.
Man steht helfend sich zur Seite
Und trennt niemals sich im Streite.
Kommt einer in Bedrängnis oder Not,
Ist Freundschaftshilfe Erstgebot.
Kennt sie keine Missgunst, keinen Neid,
Ist die Freundschaft erst vor Sturm gefeit.
Des anderen Erfolg zu mehren,
Hält die Freundschaft erst recht in Ehren.

Die Gestalt

Es gibt Damen hübsch und fein
Und solche, die dünner könnten sein.
Die Mieder sind ganz überflüssig
Und die Busen sehr aufschlüssig.

Man trägt sie als Eigentum zur Schau,
Genau wie die von dünnem Bau.
Sie fühlen sich in ihrer Haut
Natürlich, wie 'ne schlanke Braut.

Es gibt noch eine andre Art,
Die sich ganz anders offenbart,
Die seitlich kaum 'nen Schatten wirft,
Der Blick kaum einen Busen trifft.

Sowohl die einen, als die andern,
Auf Erden gleich berechtig wandern.
Sie sind weiblich nicht allein –
Auch Männer können dick und dürre sein.

Die „Normalen" sollten nur beachten,
Beide nicht nachzuahmen trachten –
Die Gestalt ist vorgegeben,
Mit der man, wie sie ist, muss leben.

Vergeblich

Nimmst du ein Modeblatt zur Hand,
So siehst du viele schöne Frauen,
Gekleidet modisch elegant,
Sehr erbaulich anzuschauen.

Schlank und geschmeidig die Figur,
Blaue Augen heller Blick,
Schön geschnitten die Frisur -
Das Model spiegelt lautres Glück.

So schön und glücklich möcht man sein
Mit einem so strahlenden Gesicht
Und kauft die schönen Kleider ein -
Allein die Kleider tun es nicht.

Sind die Kleider noch so elegant,
Sie bleiben immer nur ein Rahmen,
Wie beim Gemälde an der Wand -
Das Bild erst ehrt des Künstlers Namen.

Man sieht so aus, wie das Idol,
Doch ist es nur die äußre Hülle,
Was einem Werte bieten soll,
Erweist als Trug sich, ohne Fülle.

Auf Deck

Eintönig dröhnen die Motore.
Der Rauch geht überm Meer verloren,
Der aus dem dicken Schornstein schwebt
Und mit dem Winde Pirouetten dreht.

Auf dem Heck liegen die Passagiere,
Welche, die im Winde frieren,
Andern, die mit freigelegter Haut,
Man die Sonnewonne kaum zutraut.

Als stünd' das Schiff hier auf der
                                    Stelle.
Schaut man hinunter auf das Meer,
Sieht man: heckwärts fließen Wellen
Mit weißen Wimpeln flott daher.

Die Wellen gaukeln immerfort
Und glitzern schnell im Sonnenschein,
Als würd die Zeit und auch der Ort
Für immer angehalten sein.

Das Wasser ist des Menschen Freund,
Es trägt die Schiffe auf dem Rücken,
Ersetzt von Land z Land die Brücken,
Was Volk mit Volk in Frieden eint.

Dummes vom Strand

Die Wellen rauschen immerfort,
Der Wind, der weht am gleichen Ort ,
Eine Mücke stört mir meine Ruh,
Und die Sonne scheint dazu.

Am Strand die Damen sind fast nackt,
Nur bestimmte Teile eingepackt.
Man weiß nicht, möchten sie mehr zeigen –
Darüber sollt man besser schweigen.

Wenn man ganz genau hinschaut,
Sieht man blasse, sowie braune Haut,
Manchmal schrumplig, faltig,
Manchmal sehr hormonenhaltig.

Runde Formen sieht man auch,
Zweimal Busen, einmal Bauch,
Zu manchen schaut man gerne hin,
Andre stören deinen *sexten* Sinn.

Im Wasser werden alle nass
Und jeder findet daran Spaß,
Auch jene, die nicht schwimmen können,
Müssen nachher sich die Haare föhnen.

Der Fotograf, der knipst für Geld –
Ich knipse was mir just gefällt
Und erinnere mich dann später
Nicht nur an das Strändewetter.

Das Versteckpiel

Sieht sich der Mann die Frauen an,
So sucht er schöne Teile,
Was sein Herz erfreuen kann,
Wenn auch nur für kurze Weile.

Die Frauen sind auch sehr bestrebt –
Das schon in jungen Jahren –
Zu tun was Männergeist belebt.
Das möchten sie erfahren.

Sie zeigen gerne ihre Reize,
Öffentlich in Teilen nur,
Vom Rücken bis zum Steiße,
Vom Busen und vom Bauch 'ne Spur.

Doch sieht der Mann gezielt sie an,
Und das auf offner Straße!
Zeigt sie, wie sie empört sein kann,
Auf ungewöhnlich scharfem Maße.

Das Ganze ist ein Neckenspiel
Weil man begehrt will werden!
Des Versteckens letztes Ziel
Ist doch erhascht zu werden!

Zur Gesundheitsreform

Gar kurz ist vieler Menschen Sicht,
Sie reicht wohl bis zur Nasenspitze nicht
Und jedermann verlangt dabei,
Sein Heil bekomm er frank und frei
Von dem Staate, von der Kasse,
Der man die Kosten überlasse.
Dass es aber viele Gründe gibt –
Was allzu wenigen die Sicht betrübt -
Dass die Kosten immer höher steigen
Und in diesem Trend auch bleiben.
Und alle Nutznießer beklagen noch,
Die Beiträge, die seien viel zu hoch.
Drum ruft man ständig nach Reformen,
Die außen aller Rechennormen:
Weniger oder nichts zu zahlen,
Aber teures, gutes Mehl zu mahlen.
Dies gilt für viele andre Dinge auch –
Falsche Gewohnheit ward zum Brauch.

Der Mensch wird krank

Der Mensch wird krank aus vielen
                              Gründen.
Damit hat er schwer sich abgefunden.
Wenn Krankheiten zur Wahl anstünden,
Wäre Krebs längst aus der Kür
                              verschwunden.

Der einfühlsame Raucher

Nirgends können sich so gut beweisen
Die Raucher und Nichtraucher, als auf Reisen.
Saß man sich früher gegenüber,
Sind diese Zeiten nun vorüber,
Denn es gibt gesonderte Bereiche
Mit den verständlichen Kennzeichen
An der Tür beim Einstieg angebracht,
Was der beiden Trennung leichter macht.
Um den Nichtraucher zu schonen
Und seinem Laster doch zu fronen,
Stellt der Raucher, der einfühlsame,
Sich in die Tür mit seiner Dame.
Sie rauchen nicht im Abteil drinnen,
Doch ihr Rauch, der zieht nach innen.

Paradoxes Sterben

Es sterben viele Männer
An schwarzem Lungenruß.
Die Schuld ist doch für Kenner
Der Zigarettenrauchgenuss.

Doch sterben noch viel mehr,
Die nie geraucht im Leben;
Es freut die Raucher sehr:
Das so rauchfreie Ableben.

Der Falschparker

Kommt man am Parkplatz angefahren,
Der dem Ansturm oft zu klein,
Wird schnell man durch die Reihen fahren-
Ein Platz wird wohl noch freie sein!?

Sind alle Plätze *wohl* besetzt-
Man sieht's an der Markierung-
Man traurig eben weiter hetzt
Gemäß der Parkschildführung.

Sind jedoch Plätze falsch belegt,
Weil mancher Fahrer rücksichtslos
Die Zwischenlinie mittig deckt,
Zwei Plätz' einnimmt statt einen bloß,

So ärgert man sich sicherlich,
Weil man die Zeit vergeudet.
Doch ist es noch so widerlich,
Dem Sünder es kein Arg bedeutet.

Jüngst sah ich einem Parker zu,
Wie zwei Plätze er belegte.
Ich fragte ihn „Was soll der Schmu?"
Als sich keine Einsicht regte.

Darauf sagt er mit forschem Ton:
„Das stört mich nicht!"...und ging davon.

Der Schirmstreich

Auf Stuttgarts Einkaufsmeile
Herrscht selten Langeweile,
Wie solcher Orts es üblich ist,
Geduld und Hast man nicht vermisst.

Man steht vor den Vitrinen
Mit sehnsuchtsvollen Mienen,
Denn zu bestimmten Dingen
Kann geldarm man nicht vordringen.

Doch gibt es Menschensorten,
Die „kaufen" allerorten,
Bargeldlos und ohne Scheck
Die Ware von der Theke weg.

Beliebt sind teure Stücke,
Die sie mit Geschick und Tücke,
Oder mit Gewalt beziehen
Und dann schleunigst davon fliehen.

Hastig stürzt beim Juwelier
Ein Dieb aus aufgerissner Tür,
Um die Flucht schnell zu ergreifen.
Doch befand sich hier auf Streife

Eine Polizistin just,
Die der Lage gleich bewusst,
Ihn zum Halten streng anmahnte,
Was ihn zum Laufen nur entbrannte.

Auf der Flucht zum Untertauchen
Brachte baldigst ihn zum Straucheln
Ein Hieb mit einem Regenschirm
Einer bejahrten mut'gen Dirn.

Die Dame hatte gleich erkannt,
als der Dieb daher gerannt:
Man muss ihn zu Falle bringen
Und so tat den Schirm sie schwingen.

Die Polizistin gleich zur Stelle
Machte fest ihn mit der Schelle,
Beendet so sein Diebesglück,
Dank einer Dame Schirmgeschick.

Ich frage mich von ungefähr,
War die Straße menschenleer
So plötzlich bei *dem* Geschehen,
Dass nur die Dame es gesehen?

Auf hohem Ross

Wir sitzen alle hoch zu Ross.
Das sehen so auch viele ein,
Und schnallen fest die Bügel hoch-
Der Sturz wird um so tiefer sein.

Der verdrehte Nagel

Ein Mann, handwerklich beflissen,
Wollt' einen Nagel in die Wand
                              einschlagen,
Doch schien er nicht zu wissen,
Wozu die Nägel Köpfe tragen.

Den Kopf hielt er der Wand hinzu
Und schlug auf die Spitze mit dem Hammer.
Ein Kluger sah dem Manne zu,
Mit Mitleid dessen Jammer.

Er wollte ihm behilflich sein,
Und brachte ihm *sein* Wissen ein:
„Sehen Sie nicht, der Nagel, Herr Hüber,
Ist für die Wand von gegenüber!?"

Lebenserfahren

Täglich neue Dinge sehen
Und lernen, sie auch zu verstehen,
Macht dich nach vielen Jahren,
Was man so nennt, lebenserfahren.

Die Weinprobe

Ein Besuch im schönen Elsass
Schließt eine Weinprobe mit ein.
Es lagert kühl im Eichenfass
Manch gute Sorte Wein.

Der Winzer schenkt zur Probe
Seine guten Tropfen ein
Und wartet auf das Lobe,
Denn der beste sollt' der seine sein.

Die Geschmäcker sind verschieden,
Oft anders als die der Kenner.
Beim Abschied der Prober blieben
Die Weine in dem Keller.

Doch sei auch nicht verschwiegen,
Dass die kundenlieben Preise,
Beim Kaufe stark mitwiegen,
Dass weinlos blieb die Reise.

Zur Steuerhinterziehung

Groß geschrieben wird der
                          Datenschutz,
Deckt er manchmal auch gemeinen
                          Schmutz.
Ich schätze eher offne Ehrlichkeit
Statt Betrug in der Verborgenheit.

Frühlingsankunft

Öffne die Fenster, lass rein die Luft
Und des Morgens frischen Erdeduft,
Lass rein der Sonne helles, frohes Licht
Aus ihrem golden strahlenden Gesicht.

Sieh, wie der Winterstaub im Zimmer
Sich hebt und wie ein Geflimmer
Im Sonnenstrahlenbündel tanzt und schwebt
Und tausendfach zum offnen Fenster strebt.

Und schau hinaus in Hof und Garten.
Wo Frost und Eis bislang sich paarten,
Ist der letzte Schnee heut Nacht verschwunden
Und die Schneeglöckchen den Lenz bekunden.

Vor dem Haus der kahle Schönfruchtstrauch
Steht beerenleer; er freut sich auch
Der Sonne Wärme zu genießen
Und lässt schon die Blättersprossen sprießen.

Den Winter hat er nicht vergessen,
Die Vöglein, die bei ihm gesessen,
Und sich seine Beeren munden ließen,
Und zwitschernd ihren Dank bewiesen.

Von der Straße hört man Getümmel;
Endlich unter blauem Himmel
Können Kinder wieder jauchzen, springen
Und ausgelassen fröhlich singen!

Die Blumen im Frühjahrsgarten

Alle Blumen leuchten
In bunter Farbenpracht,
Die Schatten eilends fleuchten
Hinter Büsche, Zäune sacht,
Vor der Sonne hellem Schein
Wollen sie geborgen sein.

Die Primeln weiß und pink,
Und golden die Narzissen,
Unterm Strauch ein Veilchen winkt –
Ich möcht es nicht vermissen.
Die Hyazinthen vor dem Haus
Streuen ihre Düfte aus,

Der Rasen strahlt in frischem Grün,
Das Schneeglöckchen beginnt zu welken.
Daneben Krokusse noch blühn,
Sie halten weit geöffnet ihre Kelche,
Wo erste Bienen naschen
Aus ihren Nektartaschen.

Der Schatten

Der Schatten kennt keine Farben,
Wie bunt auch sein Verursacher sei;
Die Äußerlichkeiten verstarben
Bis auf die Konturen – die bleiben nur frei.

Die Stille der Nacht

Der Himmel wölbt sich weit und hehr
Mit seinen abertausend Sternen,
Der Raum scheint völlig lebensleer
Bis in die fernsten Fernen.
Von Stille ist er ganz erfüllt,
Kein Laut wagt sie zu stören;
Des Nachbars Haus nur ist enthüllt,
Daneben die zwei Föhren.
Die Sterne glitzern, schimmern
Am hohen Firmament,
Als würden Flämmlein flimmern
Allweit zeitlich ohne End'.
Zwischen all den vielen Sternen,
Ist einer der sich fortbewegt,
Als würd' er gleitend sich entfernen
Und zitternd er bald mir entschwebt.
Dann höre ich ein leises Summen,
Das sachte mir das Ohr berührt;
Verhüllt ist der Motoren Brummen,
Das das Flugzeug mit sich führt.
Dann steigt am Horizont empor
Des Mondes Sichel, silbern fahl,
Umhüllt von einem Zauberflor,
Von Engeln fein gewebter Schal.
Sein Schein begleitet mich ins Zimmer,
Wohin der Kühle ich entfloh,
Und bald verscheucht, wie immer,
Der Tag die Nacht, ganz einfach so.

Der Tulpenbaum

Im Garten steht ein Tulpenbaum
Seit über zwanzig Jahren,
Er füllt jährlich größren Raum,
Die Menschen gehn vorbei in Scharen.
Man hat dabei stets übersehn,
Dass der Baum ein ganz besondrer ist,
Beim täglichen Vorübergehn
Er jeden freundlich zwar begrüßt.
Das ganze Jahr trägt er zur Schau
Seine einzigartgen Blätter,
Zart lichtgrün im Frühjahrstau,
Hellgolden dann im Spätherbstwetter.
Zur sommerlichen Blütezeit
Zeigt er seine Tulpenpracht.
Tausend Kelche aufgereiht
Schmücken duftend seine Artentracht.
Irgendwer hat dann entdeckt,
Dass Tulpen hier am Baum ersprießen.
Damit war der Sinn geweckt,
Die seltne Schönheit zu genießen.
Jetzt pilgert man zur Blütezeit,
Seine Tulpen zu besehen.
Im Dorfe hat nun weit und breit
Kein andrer Baum ein solch Ansehen.
Und was, wie mein Geheimnis war,
Des Baums bescheidne Pracht,
Weil jetzt allbekannt, fürwahr,
Gar vielen Leuten Freude macht.

Fahrt in den Morgen

Ich fahre die Straße entlang,
Von grünenden Bäumen gesäumt,
Ein Weinberg liegt am Seitenhang,
Am Bache steht ein Reiher wie verträumt.

Es wechseln sich Felder und Wiesen
In verschieden farbigem Grün,
Die ersten Kornähren sprießen,
Dazwischen vereinzelt Kornblumen blühn.

Die Rapsfelder golden erstrahlen,
Sie leuchten fast fröhlich weit auf,
Kein Maler könnt bunter es malen,
Das Bild, landab und landauf.

Der Himmel ist grenzenlos blau,
Ganz lauter am Tagesbeginn,
Ein Bussard hält flatternde Ausschau
Mit hungriger Jagdlust im Sinn.

Es ist das erste Anzeichen,
Wie der Friede doch trügerisch ist –
So muss die Beschaulichkeit weichen
Dem Ernst, den man dem Leben zumisst.

Herbsteinzug

Wenn der Wind übers Stoppelfeld weht,
Hält der Herbst sein Morgengebet,
Sein Rosenkranz aus Silbertauperlen
Von Seidenetzen getragen werden.

Keine Lerche hängt am Himmelrund
Und ihr Getriller ist verstummt
Und kein Sturzflug in den Feldergrund....
Hin und wieder noch eine Imme summt.

Sieh dort, ein Schwarm aschgrauer
Tauben
Lässt sich flatternd nieder auf das Feld.
Kein „Tischlein-deck-dich" könnte zaubern
Ein so reichliches Frühstück, wie bestellt.

Und drüben dort am Sonnenhange
Rostet dem Wein schon das Gelaube;
Nun dauert es auch nicht mehr lange
Bis froh man herbstet die süße Traube.

Bald ziehen morgens Nebelschwaden
Durchs Tal dem kleinen Bach entlang,
Und die Spinne knüpft den letzten Faden
An ihrem Netz zum letzten Mückenfang.

Wintereinbruch

Der Tag hat winterlich begonnen.
Der erste Schnee war nachts gefallen,
'ne trübe Scheibe ist die Sonne,
Im Tale dichte Nebel wallen.

Über das Land, von Schnee umwoben,
Trat alsbald die Sonne hell hervor,
Als sich der Nebel dann erhoben,
Fuhr hoffnungsfroh ich aus dem Tor.

Die Straße vor mir glänzt und blendet,
Sie nimmt fast gänzlich mir die Sicht,
Doch ist gut sichtlich sie berändert –
Ich befahre sie mit Zuversicht.

Da zweigt in den dichten Wald hinein
Ein Weg mit wenig Räderfährten.
Wie ferne wird sein Ziel wohl sein,
Ob Hindernisse ihn versperrten?

Das Gezweig ist zart mit Schnee bereift,
Die Stämme tragen weiße Schleifen,
Das güldne Laub ist abgestreift,
Ihren Scheintod muss man erst begreifen.

Vor Tagen glänzte noch das Blätterwerk
In so vielen Tönen gelb und braun,
Als Maler stand die Sonne überm Berg –
Ihr Werk war unbeschreiblich an zu schaun.

In einer einzigen Zaubernacht
Hat der Wandel sich vollzogen,
Wind und Frost haben Schnee gebracht –
Der Winter ist nun eingezogen.

Der Sonne Lauf

Die Sonne *steht* nicht am Himmel oben,
Sie wandert stetig und recht munter
Entlang dem weiten Himmelsbogen
Und geht am Abend scheinbar unter.

Zugleich steht sie andernorts zum Morgen auf
Und treibt dem Tag die Nacht so vorneweg,
So ist stetig *scheinbar* sie im Lauf,
Doch wirklich dreht die Erde ihren Weg.

Überlegenheit

Die Finsternis kann kein Licht verdrängen,
Nur Räume ohne Licht kann sie ausfüllen;
Und der Töne noch so leise Klänge
Kann keine Stille je einhüllen.
Überlegen ist allein die Stofflichkeit
In jeder Form der leeren Nichtigkeit.

Das Vogelhäuschen

Ich hab ein Vogelhäuschen aufgehängt
An einen alten Baum im Garten,
Weil Kälte keine Schonung kennt-
Sie war alsbald schon zu erwarten.

Für die Vöglein, die bei uns ausharren
Und nicht nach Süden weggezogen sind,
Damit sie nicht im Frost erstarren,
Im winterlichen Eis und Wind.

Ein Stück Behaglichkeit zur freien Wahl
Wollt ich den Vögelein anbieten.
Sie nahmen's ohne Zaudern an,
Das Häuschen kostenlos zu mieten.

Und als der Frühling ward gekommen.
Richteten heimisch sie sich ein.
Für ihre lieblichen Nachkommen.
Soll es ein sicheres Zuhause sein.

Ich höre täglich sie nun zwitschern-
Ein fröhlicher Geschwisterchor.
Die Eltern kommen sie zu füttern
Und wachen auf dem Baum davor.

Hier sind sie sicher aufgehoben,
Geschützt vor räuberischem Elsterschlag,
Auch können ringsum Stürme toben-
Unbekümmert ist ihr Kindertag.

Tod und Überleben

Durchs Getreide schlich die Maus
Auf dem Weg nach ihrem Haus,
Da stürzte sich ein Bussard
Aus der Luft aufs kleine Mäuschen zart.

Von den Krallen fest umspannt,
Hat das Mäuschen bald erkannt,
Dass es viel zu schmächtig,
Aber der Bussard übermächtig.

„Was hab ich verkehrt gemacht?"
Hat das Mäuschen sich gedacht,
„Meinen Hunger wollt' ich stillen,
Bin nun Opfer des Bussards Willen.

Was nützt es mich zu wehren?
Er wird mich doch verzehren.
So lass' ich's schnell geschehen,
Zu kürzen meine Sterbenswehen."

Der Bussard unbenommen,
Hat vom Leide nichts vernommen,
Das die Maus dabei durchstand −
Seinen Fraß er selbstverständlich fand.

Fehlt der Mut zum Mitgestalten,
Kann das Schicksal sich allein entfalten

Die Forelle

Da saß ich just und ließ mir munden
Eine gegrillte Bachforelle,
Die bis vor wenigen Stunden
Noch im Becken schwamm ganz schnelle.

Sie war köstlich zubereitet
In einem kleinen irdnen Tiegel,
Von leckrem Bratenduft begleitet...
Gebrochen war ihr Augenspiegel.

Ich ging dann zu dem Becken,
Wo ihre Artgenossen schwammen.
Wie die sich winden und sich recken! –
Ein heitres Schwärmchen da zusammen.

Doch welche wird die nächste sein,
Deren Weg zum Tiegelgrillen führt?
Die bislang in ihrem Dasein
Nur unbeschwerte Lebenslust verspürt'?

Sing dem weinenden Kinde

Wenn dein Kindlein einmal weint,
Sing ihm ein kleines Lied.
Des Glückes Sonne alsbald scheint,
Der Kummerschatten weiterzieht!

Sicher oder frei

Ein Vogel lebt allein im Käfig,
Von seinem Herrchen frei gehalten −
Für Beschützer ist es sträflich,
Ihn von seiner Freiheit fern zu halten.

Er fliegt in seinem engen Raume
Nach Lust und Laune frei herum...
Schwärmt er wohl in seinem Traume
Vom ihm unbekannten Freiheitsruhm?

Er kennt nicht die Überlebenssorgen,
Sein Futter kriegt er täglich vorgesetzt,
Vor Wind und Wetter gut geborgen
Und auch von keinem Feinde je gehetzt.

Sein Leben läuft in sichren Bahnen,
Und länger als frei in der Natur.
Selber wird er kaum erahnen
Den Kerkerzwang auf seine Kreatur.

Die Gosche und das Hirn

Je größer die Gosche,
Umso kleiner das Hirn.
Dies nicht nur beim Frosche,
Auch hinter mancher Menschenstirn.

Die Schnake von Tusan

Ich hab zur Ruh mich vorbereitet
Und wünscht' mir eine sanfte Nacht,
Der Sterne Licht den Himmel weitet,
Die Zikaden sind erwacht.

Von draußen tönt des Meeres Rauschen
-Sein ewig neues Wellenlied,
Entzückend ist ihm zuzulauschen,
Sind die Glieder auch schon müd.

Just ertönt dann ein Geflüster
Und stört plötzlich meine Ruh –
Eine Schnake, eine dieser Biester –
Ich schlag aufs Ohr mir kräftig zu.

Das Biest doch war entflohen.
Jetzt spür ich auch den Stich
Und sogleich auch schon entlohen
Seine Flammen ärgerlich.

Allmählich quillt ein Knoten
Aus diesem Schnakenstich hervor,
Ich kann schnell daraus ausloten,
Dass ich die Nachtruhe verlor.

Wenn noch so schmackhaft, was du isst,
Gleich stinkend ist davon der Mist.

Die Blüten und die Blätter

Man schätzt des Baumes Blüte,
Die aus dem Zweiglein sprießt
Und führt den Duft sich zu Gemüte,
Der oft berauschend und bezaubernd ist.

Die Blüten sind von kurzer Dauer-
Sie müssen schnell zur Frucht gedeihen.
Doch ist dies kein Grund zur Trauer,
Weil die sich des Baumes Zukunft weihen.

Tausend Blätter den Baum umhüllen,
So unscheinbar in ihrem Grün,
Und stetig ihre Pflicht erfüllen,
Dass jedes Jahr die Bäume neu erblühn.

Aus Wasser, Sonnenlicht und Luft
Zaubert das Blatt auf wundersame Weise
Die Blütenpracht mit ihrem Duft,
Daraus die Frucht – im Jahreskreise.

Erst nach vollbrachtem Lebenswerke,
Wenn das Grün in Gold sich umgewandelt,
Erfährt das Blatt gebührend Werte
Und wird mit Wehmut hoch gehandelt.

Beide, die Blüten und die Blätter
Sichern gemeinsam das Geschlecht
Durch die Zeit, durch Wind und Wetter-
So jede Art beständig bleibt und echt.

Die Blüten erfreuen unsre Sinne-
Mit ihren Formen, Farben, Duft,
Dabei wird uns, freudeblind, nicht inne,
Dass das Blatt die Blüte für uns schuf.

Das Blatt ist ein Geschlechterwappen,
Sieht unverkennbar nach dem Baume aus.
Zuverlässig sind die Ästeknappen-
Sie tragen stürmenfest das ganze Haus.

Die Biene

Es blühen viele tausend Blumen
Auf den Feldern, Auen, Wiesen,
Die Bienen mit ihrem Summen
Schon am Morgen sie begrüßen.

Sie schwirren von Blüte zu Blüte
Um den Nektar zu genießen,
Den sie wie aus einer Tüte
Aus den Kelchen aussaugen müssen.

Sie danken für die Morgengaben
Und nehmen Blütenstaub gleich mit;
Mit Honig füllen sie die Waben
Und bestäuben beim Blütenritt.

Kein Blick in die Zukunft

Vor dir liegen die Auen
In ihrer so farbigen Vielfalt,
Du kannst die Wälder beschauen
Und der Berge klüftige Gestalt.

Was liegt hinter den Bergen?
Was bleibt deinen Blicken verborgen?
Es ist deine Zukunft im Werden-
Ein Gemisch von Freuden und Sorgen.

Nur mit dem Schwinden der Tage
Wirst du ihr Geheimnis erfahren.
Es nützt nichts danach heute zu fragen,
Was bestimmt ist für kommende Jahre.

Das Leben in der Zeit

Die geologischen Ären sind übers Land
                                        gestrichen
Und haben seine Formen ausgeglichen,
Die Zeit hat den Boden fruchtbar gemacht
Zum Gedeihen der Pflanzen herrlichster Pracht,
Zum Erblühen des tierischen Lebens,
Sein Weiterbestehen, als Ziel seines Strebens.
Es kann für sie kein Innehalten geben
In ihrem formwandelnden Weiterleben.

Der Specht

Ein Specht sitzt an dem Baume
Und hämmert immerzu,
Man hört es weit im Raume,
Er hämmert ohne Ruh.

Er schlägt mit seinem Schnabel
Ein Loch zur Larve rein,
Und wie mit einer Gabel
Zieht er sie aus dem Schrein.

Er hat sie gleich verschlungen,
Sie schmeckte ihm gar sehr,
Sich dann davon geschwungen,
Jetzt seh ich ihn nicht mehr.

Sehen und gesehen werden

Die behörnten Weinbergschnecken
Wähnen sich sicher zu verstecken,
Wenn sie sich ins Rückenhäuschen
                            ducken
Und mit keinem Laut sich mucken.

Dort sind vorm Wetter sie geschützt-
Gegen Feinde das Häuschen wenig nützt.-
Es genügt nicht, selber nicht zu sehn,
Bleibt in fremden Blicken man bestehn.

Eine Rose blühet noch

Noch *eine* Rose blüht im Garten,
Auf dem einst so bunten Blumenbeet,
Wo sich viele Blumen scharten,
Sie nun alleine übrig steht.

Ihre Blätter sind von Rost befallen,
Nur die Dornen sind noch alle spitz,
Wie der Katze ihre Krallen,
Ihre Wehrkraft noch in Vollbesitz.

Ringsum sind die Blumen längst verblüht,
Und viele sind in Samen übergangen.
Der Lebenskreis stets weiter zieht...
Doch wie hat er einst angefangen?

Die Bienen, Hummeln, Schmetterlinge
Sind in den Winterschlaf gegangen.
Dort harrt am Netz noch eine Spinne,
Ein letztes Mücklein einzufangen.

Das Wasser um Mallorca

Das Wasser spült, nie müde, unentwegt
Der Insel Ufer ringsherum,
Dass es nicht ruht und stetig sich bewegt,
Bedingen Wind und Mond dann wiederum.

Das Wasser bleibt auch nicht dasselbe,
Es kreist herum von Meer zu Meer.
So kommt vom Rhein und von der Elbe
Auch ein Teil des Wassers bis hierher.

Ein großer Teil wird aber flüchtig,
Steigt unbemerkt zum Himmel hoch,
Wird in den Wolken dann gewichtig,
Und zieht von dannen, viel schneller noch.

Mit Blitz und Donner, urgewaltig,
Als Regen fern es sich ergießt,
Und wirkt da örtlich sehr nachhaltig,
Fließt ab, bis sich der Kreis im Meere schließt.

Das güldne Blatt

Es sprießen früh im Lenze
Die Blätter zart und fein,
Sie dienen dann zur Gänze
Bis in den Herbst hinein
Dem Baume, der sie treue trägt,
Ganz selbstlos, unentwegt.

Ist dann der Herbst gekommen.
Die Blätter gülden ein.
Sie haben ihren Lohn bekommen -
Das Gold vom Sonnenschein
Und scheiden dann im Schweben
Aus ihrem Jahresleben.

Die geschädigten Augustlilien

Sie duften so herrlich
Und blühen so schön,
Für die Schnecken begehrlich –
Es bleibt keine bestehn.

Sie löchern die Blätter,
Zernagen den Schaft,
Es gibt kein Unwetter,
Das solch Schaden anschafft.

Ich suche vergebens
Die Schnecken alldort,
Zum Schutz ihres Lebens
Bleibt keine vor Ort.

Wohin sie verschwinden,
Bleibt rätselhaft mir,
Doch würd' ich sie finden –
Sie bezahlten teuer dafür!

Genieße alltäglich

Die Zeit, sie fließt unendlich,
Aber dein Leben ist begrenzt,
Genieße es alltäglich –
Es wird einmal nur kredenzt!

Anagramm (2)

Wer gerne rätselt, höre her.
Ich hab ein Zwiebelwort gefunden,
Es enthält der Wörter weniger,
Wird ein Buchstab' ihm entbunden.
    Die alten Völker waren schon
Von ihm durchdrungen und gebannt:
Götzen erst, dann Vater Gott und Sohn
Sinnbilden uns die schützend Hand.
    Ein stiller Ort im Garten
Dient dem Genießen und Besinnen,
Verliebte dort aufeinander warten,
Um dem Zuschau zu entrinnen.
    Die Bäume, die daneben stehn,
Tragen viele tausend Blätter,
Die alle in ein Wort eingehn,
Vertrieben dann im Herbstunwetter.
    Und mit dem Herbst sind auch dahin
Des Sommers heiße trockne Tage,
Wärmend angenehm die Winde ziehn,
Bevor die Kälte wird zur Plage.
    Vom Berge fließt ins Tal hinab
Ein Bächlein zwischen Waldeshängen,
Auf dem Weidenfleck ein Hirtenknab,
Wo die Wiesen die Bäum' verdrängen.
    Das letzte Wort ist einfach
Als Doppellaut auch noch bekannt.
Trennt man in zwei ihn ganz gemach,
Sind zwei Selbstlaute genannt.

Scharade (2)

Eine Hand, die hat fünf Kinder,
Und wie Kinder eben sind –
Welche größer, welche minder –
Rate nun mein liebes Kind,
Wie heißen einzeln die Gestalten,
Die beim Greifen all' zusammenhalten.

Gegen Wind und gegen Kälte
Schützt das Haar oft nicht genug,
So der Wunsch nach Abhilf' gelte
Und man handelt sicher klug.
Und schämt man sich noch seiner Glatze,
Ist mein Suchwort längst am Platze.

Die Wörter kannst du gut verbinden –
Eine Blumenstaude wird daraus;
Du kannst sie in vielen Gärten finden,
Und der Heiler macht Arznei daraus,
Die tödlich wirkt, nimmst du zu viel.
Sie sieht ähnlich einem Glockenspiel.

Scharade (3)

Sie sind schön, doch oft auch eitel,
Von der Sohle bis zum Scheitel.
Vom Manne werden sie verehrt
Und gleichermaßen auch begehrt.

Das zweite Wort trägt man als Paar,
Oft ausgefallen von manchem Star.
Sind sie zu klein und drücken,
Sollt' man mit neuen sich bestücken.

Und beider Wörter Summe
Ergibt den Name einer Blume,
Auch könnt ein Kleidungsstück es sein,
In beiden Fällen zierlich, fein.

Scharade (4)

Eine Öffnung,
   die meist geschlossen ist,
Die man anders auch benennen kann,
Die man bei keinem Tier vermisst,
Weil es damit sein Futter frisst,
Und als Waffe auch gebrauchen kann,

Ist der Scharade erstes Wort.
Das zweite setzt der Dichter ein
Für einen wahren Lebenshort.
Der spendet stetig immerfort,
Was unentbehrlich ist für unser Sein.

Verbindet beide man sodann,
Wird in ein Kloster man versetzt,
Wo für manch geschätzter Mann
Seine Gelehrsamkeit begann.
Der Ort ist heut denkmalbesetzt.

Anagramm (5)

Auch die bösen Dinge tragen Namen.
Wie könnte sonst man sie benennen
Und versuchen schon den Samen
Das Böse von dem Guten abzutrennen?
In der ersten Fassung nennt mein Wort,
Den, der andern nach dem Leben trachtet;
Er bleibt gezeichnet immerfort,
Dass er das höchste Gut missachtet.

Doch wechselst du den zweiten Laut,
So hat der Sinn sich ganz gewandelt –
Ein Tier sitzt jetzt in seiner Haut,
Das aber oftmals ähnlich handelt.
Doch ist bei ihm es nicht verwerflich:
Es tut es nicht aus lauter Gier und Lust,
Nur um zu leben, zu ernähren sich,
Nicht als Missetäter sich bewusst.

Wo der Neid beginnt,
Endet die Freundschaft.

Hüte dich vor Zeugen,
Geltendes Recht zu beugen!

Scharade (6)

Der erste Mensch von Gott erschaffen,
War von Gott aus Lehm gemacht.
Er stammte also nicht vom Affen!
Sein Name des Wortes erstes Teil ausmacht.

Gott gab ihm Eva zur Zerstreuung,
Im Garten Eden zu spazieren.
Sie gab ein Obst ihm zur Erfreuung –
Das ist ins Wort als zweites einzuführen.

Das ganze Wort besitzen beide.
Als Schluckhüpfer springt er vorn am Hals,
Zwei Bänder trägt er unterm Kleide –
Wir wären stimmlos andernfalls.

Die Wohlstandsschulden

Der Opa hat 'ne schöne Rente.
Zum Verleben und Vererben,
Er möchte davon mehr noch haben,
Auch käme es aus Zukunftsschulden.
Er überlässt dem Sohn die Wende.
Für so manchen das Verderben:
Der darf sich an der Erbschaft laben,
Doch Schuldentilgung auch erdulden.

Reime raten

In Dresden steht der Zwinger –
Der Schneider sticht sich in den *(Finger)*.

In Stuttgart steht der erste Fernsehturm,
Und da kommt niemand nicht *(drumrum)*.

In Heilbronn da lebte einst das Käthchen,
In Goethes Faust war es das *(Gretchen)*

In Ulm der höchste Kirchturm steht,
Und obendrauf der Hahn sich *(dreht)*.

Vom Schwarzen Wald zum Schwarzen Meer
Fließt die Donau weit *(daher)*.

Ein großer Strom ist Vater Rhein,
Rings auf den Hängen wächst der *(Wein)*.

Der Jäger geht frühmorgens auf die Pirsch,
Doch trifft er nicht den alten *(Hirsch)*.

Die Spatzen schilpen auf dem Zweige,
Die Grille zupft im Gras die *(Geige)*.

Die Kuh bekommt von uns das Futter,
Dafür gibt sie uns Milch und *(Butter)*.

Das Auto fährt mit Diesel und Benzin
Bis Hamburg, München und *(Berlin)*.

Die Kreuzfahrt

Um bequem die Welt zu sehen,
In der "Wohnung" Länder zu besuchen,
Kann nur mit dem Schiff geschehen,
Dazu muss man eine Kreuzfahrt buchen.

Das Kreuzschiff sticht ganz in See
Mit über tausend Passagieren.
Sie alle haben Fremdeweh
Und wollen davon sich kurieren.

Das Schiff ist lang, das Schiff ist breit
Und überm Wasser kirchturmhoch.
Sechshundert Diener stehn bereit,
Auch den Kapitän erwähn' ich noch.

Ein erstes Foto mit dem Rettungsring
Gab es nach der Sicherheitskontrolle.
Dann ging es in das große Ding,
Das uns noch unbekannte tolle.

Vielleicht gibt's Bilder zum Vergleich
Nach Ablauf der Kreuzfahrtreise,
Beim Abschied von dem großen Teich,
Für die Bewirtung las Beweise.

Bis zum Finden der Kabine
Hat man alle Gänge abgerannt.
Mit zufriedner Ausdrucksmine
Findet schließlich man das Restaurant.

Doch bald fühlt man sich wie zu Hause
In der schwimmenden Ministadt.
Schließlich ist man kein Banause,
Der noch nichts gesehen hat.

Alles ist am Bord enthalten
Für die Behaglichkeit, für den Komfort;
Für Zerstreuung und zum Unterhalten
Ist für jeden ständig hier gesorgt.

Was die Küche täglich bietet,
Lässt keinen Hunger überstehn,
Wobei gesättigt, man ermüdet,
Und viele Speisen bleiben stehn.

Schön ist es an Deck zu liegen,
Wenn die Sonne wärmend scheint.
Man kann nicht genug von kriegen,
Letztlich bräunen soll e Teint.

Blau und weit dehnt sich das Wasser
Und bei ruhig trägem Wellengang,
Schreibt das Schiff 'ne glatte Straße
Hinterm Heck minutenlang.

Doch heben und senken sich die Wellen
Auf Berge und wieder zu Tal,
Braucht man Übelkeit nicht zu bestellen
Und torkeln darf dann jeder auch schon mal.

Nach festgelegter Reiseroute
Geht in den Häfen man an Land,
Neugierig mit frohem Mute
Zu erkunden, was uns unbekannt.

Städte, Kirchen und Moscheen,
Burgruinen und Paläste,
Der Menschen Meisterwerke sehen,
Ihre Arbeit, Nöten, Feste.

Und was an Wunderwerke der Natur
Am Festland aufzufinden,
Besichtigt all man mit Bravour
Und wird in Alben sie einbinden.

Gleiches Glück erleben alle,
Wenn man auch verschieden spricht,
Verständnis herrscht in jedem Falle -
Man erlebt den Tag aus gleicher Sicht.

Die Kreuzfahrt bleibt ein Urlaubstraum,
Den sich viele nur erträumen,
Auch lebt er wie der Wellenschaum,
Wenn Wellen sich aufbäumen.

Auflösung der Anagramme und Scharaden

Nr. 1 - Glaube - Laube - Laub - Lau - Au

Nr. 2 - Finger + Hut = Fingerhut

Nr. 3 - Frauen + Schuh = Frauenschuh

Nr. 4 - Maul + Bronn = Maulbronn

Nr. 5 - Mörder und Marder

Nr. 6 - Adam + Apfel = Adamsapfel

Inhaltsverzeichnis

Inhaltsverzeinis alphabetisch